MADAME DE MAINTENON

HISTOIRE — BIOGRAPHIE

Format in - 12

Bayard.	» 85	Godefroi de Bouillon.	1 »
Bérulle (le cardinal de).	» 85	Henri IV, roi de France.	1 »
Blanche de Castille, reine.	» 75	Henri IV jugé par ses actes, ses	
Brydayne, missionnaire.	1 »	paroles et ses écrits.	» 75
Charlemagne, r. de France.	» 75	Jean Bart.	» 75
Charles de Blois.	» 75	Louis XII, roi de France.	1 »
Christophe Colomb.	» 75	Louis XIV, roi de France.	1 »
Colbert.	» 75	Marie-Antoinette, r. de Fr.	1 »
Condé.	1 »	Marie Leczinska, r. de Fr.	1 »
Crillon.	1 »	Mozart.	» 75
Clisson, connétable.	» 75	Napoléon.	1 »
Curé (le) d'Ars : M. Vianney.	» 75	Philippe Auguste.	1 »
Curé (le) de N.-D. des Vic-		Pie VI.	1 »
toires : M. Desgenettes.	» 75	Pie VII.	1 »
D'Aubusson (Pierre).	» 85	Racine (Jean).	» 75
De la Motte, év. d'Amiens.	» 85	Raphaël.	» 75
De Quélen (Mgr).	» 30	Silvio Pellico.	» 75
De Sombreuil (Melle).	» 75	Stanislas, roi de Pologne.	1 »
Du Guesclin.	1 »	Théodose le Grand.	» 85
Fénelon, arch. de Cambrai.	1 »	Turenne.	» 85
Fernand Cortez.	» 75	Vauban.	1 »
François Ier, roi de France.	1 »	Villars (le maréchal de).	» 75

Format in - 18

Affre (Mgr), arch. de Paris.	» 30	Eudes (le P.), fond. d'ordre.	» 30
Boufflers (le maréchal de).	» 30	Fischer, év. de Rochester.	» 30
Charles le Bon, c. de Fl.	» 60	Hohenlohe (le pr. A. de).	» 30
Chateaubriand.	» 30	Jeanne d'Arc.	» 60
Cheverus (Mgr de), archevêque		Lafeuillade, soldat.	» 30
de Bordeaux.	» 30	Louis XVI.	» 60
Claver, apôtre des nègres.	» 30	Louis XVII.	» 60
Daniel O'Connell.	» 30	Sobieski.	» 30
Drouot, général.	» 30	Thomas Morus.	» 30

Cabasson del.   Lefort édit.   Pollet sculp.

Ma fille n'est pas morte, s'écria-t-elle, voyez
son cœur bat encore.

MADAME

DE MAINTENON

PAR L'AUTEUR DE L'HISTOIRE DE RACINE

LILLE

L. LEFORT, IMPRIMEUR - LIBRAIRE

M DCCC LXII

MADAME

DE MAINTENON

CHAPITRE PREMIER

Nous allons raconter l'histoire de cette femme
célèbre qui, après avoir éprouvé les plus cruelles

vicissitudes de la fortune, s'est vue appelée, par son mérite, ses talents et sa vertu, à la plus haute position sociale à laquelle une personne de sa condition pouvait aspirer. Rien qu'à ce point de vue, cette histoire présenterait déjà un puissant intérêt, puisqu'elle offre de ces péripéties qui plaisent à l'imagination par leur imprévu et qui semblent plutôt appartenir au domaine de la fiction qu'à celui de la réalité; mais il est un autre côté de la vie de Mme de Maintenon sur lequel nous devons appeler particulièrement l'attention de nos lecteurs : ce sont les enseignements utiles que l'on peut y puiser; ce sont les précieuses leçons de morale que l'on trouve disséminées dans ses lettres, et principalement dans ces entretiens remarquables qu'elle avait à Saint-Cyr avec quelques personnes instruites lorsqu'elle venait y passer des jours de retraite. En lisant cette correspondance et ces entretiens, toute jeune fille chrétienne apprendra que les grandeurs, la fortune, les dignités, la puissance ne sont que vanités, et que loin de nous donner le bonheur, ces prétendus biens tant convoités ne nous procurent qu'amertume et cruelles déceptions ; elle y apprendra que le seul bonheur que l'on puisse goûter ici-bas consiste dans la vertu, la paix du cœur, le calme de la conscience, et qu'il ne peut se rencontrer que dans la retraite, loin du tumulte de la cour et du monde ; elle y apprendra enfin et surtout, que le respect de soi-même, accompagné d'un grand fonds de religion qui empêche ce sentiment de dégénérer en orgueil, est un préservatif assuré contre les séductions du monde.

Françoise d'Aubigné ou d'Aubigny, marquise de Maintenon, naquit le 27 novembre 1635, dans les prisons de la conciergerie de Niort. C'est un singulier berceau pour celle qui devait s'élever un jour presque sur le premier trône du monde. Hâtons-nous d'expliquer comment la future épouse de Louis XIV vint au monde dans un cachot.

La famille d'Aubigné, à laquelle appartenait Mme de Maintenon, est originaire d'Anjou, où l'on en retrouve des traces authentiques dès le xii° siècle. Plusieurs branches de cette famille s'établirent dans le Poitou, dans le Berry et dans la Guyenne. Nous ne suivrons pas l'histoire et la généalogie de ces diverses branches, et nous arriverons immédiatement à Théodore–Agrippa d'Aubigné, grand-père de Mme de Maintenon, compagnon et ami d'Henri IV. Ce personnage, qui a laissé d'assez curieux mémoires, était un de ces gentilshommes huguenots attachés à la fortune du roi de Navarre ; guerrier sans cesse habitué aux périls et aux aventures, et dont l'âme et le corps semblaient de fer. Plus d'une fois sa rude franchise le fit tomber en disgrâce ; mais la bonté de son maître le rappelait bientôt à la cour. Lorsque Henri IV eut enfin abjuré la religion prétendue réformée, d'Aubigné, inflexible huguenot, vécut loin de sa personne.

En 1583, Théodore-Agrippa d'Aubigné épousa Suzanne de Lezay, dame de Surineau. De ce mariage naquirent Constant d'Aubigné, baron de Surineau, et deux filles [1].

---

[1] L'une, Marie d'Aubigné, épousa M. de Caumont d'Ade, et

Constant d'Aubigné, le fils de Théodore-Agrippa, fut loin de répondre à l'éducation qu'avait cherché à lui donner son père. Dès sa jeunesse il s'adonna au jeu et à beaucoup de désordres. Brouillé avec son père à cause de sa mauvaise conduite, il feignit de se faire catholique, pour gagner les faveurs de la cour; puis il se réconcilia avec son père sous un faux semblant de retour à la religion réformée. Ayant été envoyé en Angleterre pour solliciter des secours en faveur de la Rochelle assiégée par Louis XIII (1627), à son retour à Paris, il révéla tout au gouvernement français. Son père, indigné, le déshérita. Cependant Constant d'Aubigné obtint pour prix de ses services le titre d'écuyer du roi, une place de gentilhomme de la chambre, et la baronnie de Surineau, qui avait été autrefois confisquée sur sa famille. La faveur dont il jouissait à la cour lui fit obtenir la main de Melle de Cardillac [1].

l'autre, Louise-Artémise d'Aubigné, épousa Benjamin Le Valois, marquis de Villette.

[1] Fille de Pierre de Cardillac, seigneur de Lalane, et de Louise de Montalembert.

Le mariage ne rendit pas Constant d'Aubigné plus sage. En peu de temps il mangea tout son bien, et il songea alors à former un établissement à la Caroline. A ce sujet, il noua avec le gouvernement anglais des intelligences qui, ayant été découvertes, le firent enfermer au Château-Trompette à Bordeaux. Sa femme voulut partager le sort de son mari et l'accompagner en prison pour adoucir la rigueur de sa captivité. Ce fut par les sollicitations de cette épouse dévouée qu'il obtint d'être transporté dans les prisons de Niort en Poitou, pour être plus près de sa famille, dont il espérait des secours dans sa détresse.

C'est dans cette prison, comme nous l'avons dit, que naquit Françoise d'Aubigné. Deux enfants, deux petits garçons, étaient déjà nés de cette union : l'un, Constant d'Aubigné, mort jeune ; l'autre, Charles d'Aubigné, dont nous aurons occasion de parler plus tard.

Dès le lendemain de sa naissance, la fille du prisonnier fut baptisée, et reçut le nom de Françoise, du nom de son parrain, François de la

Rochefoucault (le père de l'auteur des *Maximes*),
gouverneur du Poitou; sa marraine était Suzanne
de Beaudéan, fille du baron de Neuillant, gouverneur de Niort. On voit que, malgré sa disgrâce,
Constant d'Aubigné jouissait encore d'une certaine
considération dans la haute noblesse du pays; il
est vrai qu'il le devait moins à lui-même qu'à sa
famille, et surtout à sa femme, dont les qualités,
les vertus et le dévouement avaient mérité l'estime
générale.

Ces témoignages de considération n'empêchaient
pas le jeune ménage d'être tombé dans le dénû-
ment le plus absolu. Constant avait mangé toute
sa fortune; et la naissance d'une fille, qui dans
toute autre circonstance eût comblé leurs vœux,
ne faisait qu'ajouter à leur misère.

Sur ces entrefaites, ils reçurent la visite de
Mme de Villette, sœur de Constant d'Aubigné. Elle
savait bien que son frère n'était pas dans l'aisance,
mais elle était loin de se douter que lui et sa famille fussent en proie à toutes les horreurs de
l'indigence. Aussi, quand elle vit ce frère qu'elle

aimait, pâle, exténué par le manque d'aliments, et comme fou de désespoir; ses deux petits garçons n'ayant que des haillons pour vêtements; une petite fille de deux jours, que la mère éplorée ne pouvait nourrir, parce que la misère et la faim avaient tari son lait, et qui n'avait pas de quoi payer une nourrice : quand elle vit, dis-je, tout cela, son cœur fut déchiré de douleur et de compassion. Elle pourvut aux plus pressants besoins de son frère et de sa belle-sœur, et elle emmena les trois enfants au château de Murçay, situé dans le voisinage de Niort, et où elle résidait. Elle donna à la petite Françoise la même nourrice qu'à sa fille, Melle de Villette, qui fut depuis Mme de Sainte-Hermine.

Quelque temps après, le prisonnier fut transféré au Château-Trompette, sa première prison. Sa femme, qui l'y suivit, ne put supporter l'idée d'être séparée de sa fille chérie. Elle la redemanda à Mme de Villette, qui y était attachée et qui ne la rendit qu'avec peine.

Ce fut dans cette forteresse que la petite Françoise

passa les premières années de sa vie, n'ayant pour
se livrer à ses ébats qu'une cour triste, entourée
de hautes murailles qui la rendaient plus triste
encore, et pour camarade de son âge et de son
sexe, que la fille du concierge de la prison.

Un jour que Françoise jouait avec cette petite
fille, celle-ci lui montra un petit ménage en argent,
en lui disant : « Voyez le joli ménage que mon
père m'a acheté ; vous êtes trop pauvre pour en
avoir un pareil. — Cela est vrai, répondit Françoise ; mais je suis *demoiselle*, et vous ne l'êtes
pas. »

Pour comprendre la signification de cette réponse, il faut se rappeler que dans ce temps-là
la qualification de demoiselle ne se donnait qu'aux
jeunes personnes de familles nobles. Ainsi, c'est
comme si elle eût dit : « Je connais que je suis
pauvre et que vous êtes riche, mais je suis noble
et vous ne l'êtes pas ? » On voit que, tout enfant,
elle laissait déjà entrevoir le sentiment de sa propre
dignité, sentiment qui resta le fond de son caractère et le secret de sa conduite.

En 1639, la femme du prisonnier, à force de sollicitations, obtint l'élargissement de son mari. Constant d'Aubigné résolut alors d'aller en Amérique chercher à refaire la fortune qu'il avait follement dissipée en Europe.

A cette époque, on commençait à fonder à la Martinique des établissements coloniaux qui prospéraient avec rapidité. D'Esnambuc, gouverneur de Saint-Christophe, avait abordé à la Martinique en 1635, et avait obtenu des indigènes la concession de toute la partie méridionale et occidentale de l'île. La fertilité du sol y avait attiré de nombreux colons, dont les efforts couronnés de succès avaient dû appeler de nouveaux émigrants. D'Aubigné fut de ce nombre, et il s'embarqua avec sa femme, le plus jeune de ses fils et sa fille.

Pendant la traversée, la petite Françoise tomba dangereusement malade. Au bout de quelques jours, elle s'affaiblit peu à peu et finit par ne donner aucun signe de vie. On la crut morte. Déjà on avait fait les préparatifs de ses funérailles; cérémonie fort simple à bord d'un navire et bientôt terminée. On attache un boulet au cadavre pour le faire descendre à fond ; l'aumônier du navire récite les prières des morts, et quand il a prononcé la dernière prière, on fait basculer une planche sur laquelle est posé le corps ; il glisse et tombe dans les flots. Au même moment un coup de canon est tiré, l'Océan se referme sur sa proie, et tout est fini.

On allait donc procéder à cette triste cérémonie, quand la mère, au désespoir, prend son enfant dans ses bras et la couvre de baisers en remplissant l'air de ses gémissements. Pour ne pas prolonger cette scène pénible, Constant d'Aubigné arrache presque de force à la mère l'enfant dont la mort et la présence irritent son désespoir ; il va la remettre à un matelot chargé d'attacher le boulet qui doit entraîner ce petit corps au fond des mers. Mme d'Aubigné cesse de pousser des cris ; elle demande en grâce, les mains jointes, qu'on lui permette au moins de donner un dernier baiser à son enfant. On n'ose lui refuser cette triste faveur. Mais, ô prodige ! au contact de ce baiser maternel, l'enfant éprouve un tressaillement imperceptible pour tout autre, et que sa mère a senti. « Ma fille n'est pas morte! s'écrie-t-elle aussitôt ; voyez, son cœur bat encore! » Le père reconnaît qu'effectivement ce n'est point une illusion de la mère. On s'empresse de replacer l'enfant dans son lit ; les soins les plus affectueux lui sont prodigués ; elle revient à elle peu à peu, et quelques jours après, elle a complètement recouvré la santé [1].

Constant d'Aubigné s'établit au quartier du Prêcheur à la Martinique. Il y acquit de vastes plantations. Ses premiers travaux furent si heureux, que sa femme, qui, peu d'années auparavant, ne possédait pas de quoi payer une nourrice pour allaiter sa fille, avait maintenant vingt-quatre négresses à son service.

Cette prospérité ne dura pas longtemps. Mme d'Aubigné revint en France avec ses deux enfants, afin de poursuivre des procès et la rentrée de quel-

[1] Un jour que Mme de Maintenon racontait au roi cette circonstance de sa vie, l'évêque de Metz, qui était présent, lui dit : « Madame, on ne revient pas de si loin pour peu de chose. »

ques créances. N'ayant rien pu terminer, elle se hâta d'aller rejoindre son mari. Mais pendant son absence, la malheureuse passion du jeu s'était réveillée chez lui avec une nouvelle fureur; il avait joué et perdu tout ce qu'il possédait dans la colonie.

Sa femme supporta ce nouveau malheur avec courage et sans adresser de reproches à son mari. Il ne leur restait pour vivre que les faibles appointements d'une lieutenance que Constant d'Aubigné avait obtenue dans un village de la Martinique. Confinée dans cette retraite, cette femme courageuse et d'une vertu austère se livra tout entière à l'éducation de ses enfants, surtout de sa fille, qui déjà donnait d'heureuses espérances. Elle lui faisait lire dans Plutarque l'histoire des grands hommes de l'antiquité; et, pour l'habituer à réfléchir, elle l'obligeait à rendre compte de ses lectures, et lui prescrivait de petites compositions, surtout des lettres, que l'enfant écrivait déjà avec beaucoup de facilité.

C'est ainsi qu'elle se forma de bonne heure au

style épistolaire , dans lequel elle n'a de rivale que Mᵐᵉ de Sévigné.

Sa mère était pour elle la meilleure leçon de vertu , et plus instructive que celle qu'elle lisait dans les livres. Mᵐᵉ d'Aubigné avait le sérieux que donne souvent le malheur ; elle supportait les revers avec courage , comme elle avait supporté avec résignation les vices de son mari, et elle voulut accoutumer de bonne heure ses enfants à ne pas s'affliger outre mesure des coups de la fortune.

Le feu prit un jour à son habitation. Voyant sa petite fille pleurer avec amertume, elle lui dit d'un ton de reproche : « Françoise , je vous croyais plus de courage ; faut-il donc se lamenter ainsi pour la perte d'une maison ? — Ce n'est pas la maison que je pleure ! répondit vivement l'enfant. — Et qu'est-ce donc ? — C'est ma poupée. »

Avec l'ordre et l'économie que Mᵐᵉ d'Aubigné avait établis chez elle , les appointements de la place occupée par son mari étaient suffisants pour faire vivre sa petite famille, sinon avec luxe , du moins honorablement.

L'âge, les exemples de sa femme, les remords de ses fautes semblaient avoir guéri Constant d'Aubigné de ses mauvaises habitudes. Sa vie était devenue régulière ; il songeait sérieusement à refaire encore une fois sa fortune ; et il y aurait peut-être plus facilement réussi que la première fois , quand la mort vint le surprendre tout à coup et replonger sa malheureuse famille dans la désolation.

Mme d'Aubigné revint en France plus pauvre qu'elle n'en était partie. Réduite à peu près à la misère, elle vécut du travail de ses mains, et se fatigua à poursuivre les restes de la fortune de son mari , soit pour en arracher quelques débris à ses créanciers , soit pour rentrer dans la baronnie de Surineau, qui avait été aliénée pour dettes ; soit enfin pour réclamer une portion de l'héritage de Théodore-Agrippa , dont M. de Caumont d'Ade s'était injustement emparé. En effet, Théodore-Agrippa , en déshéritant son fils , comme nous l'avons dit, avait laissé par son testament aux enfants légitimes de ce fils , nés et à naître , sa terre des Landes, près de Mer, dans le Blaisois.

Pendant ce temps, et pendant les démarches et les voyages que nécessitaient ses affaires, Mme d'Aubigné confia de nouveau sa fille à Mme de Villette, sa belle-sœur, qui avait eu soin de sa première enfance, et qui, dès qu'elle avait appris le retour en France de cette enfant, avait demandé à l'avoir auprès d'elle. Mme d'Aubigné ne céda qu'à regret au désir de sa belle-sœur ; mais la nécessité la contraignit à ce sacrifice ; elle était hors d'état de pourvoir à la nourriture et à l'entretien de cette enfant ; c'était donc en quelque sorte une question d'existence pour elle.

CHAPITRE II

La cause de la répugnance qu'éprouvait Mme d'Aubigné à céder sa fille à Mme de Villette, était la crainte que celle-ci, qui était calviniste, n'élevât son enfant dans cette religion; l'impitoyable nécessité, comme nous l'avons vu, était jusqu'à un

certain point son excuse. D'un autre côté, elle
cherchait à se rassurer, en se disant que si Mme de
Villette voulait instruire sa nièce dans les principes
de la religion prétendue réformée, ces principes
ne sauraient prendre une racine bien profonde dans
un esprit aussi juste; qu'elle connaissait trop bien
le bon sens naturel et la raison de son enfant pour
ne pas être convaincue qu'elle parviendrait facilement à effacer les sophismes qui auraient pu faire
quelque impression sur sa fille.

Elle ne tarda pas à se convaincre de son erreur
et à se repentir d'avoir mis le salut de sa fille en
danger.

Mme d'Aubigné, comme nous l'avons dit, était
sérieuse; elle avait dans la physionomie quelque
chose de froid et de sévère, plus propre à inspirer
la crainte et le respect que l'affection et la confiance. Quoiqu'elle aimât beaucoup ses enfants,
et surtout sa fille, jamais elle ne les entourait
de ces tendres caresses qui peuvent, quand elles
sont trop prodiguées, gâter parfois les enfants,
mais qui, accordées dans une juste mesure,

touchent leur cœur et éveillent leur affection.

Mme dé Villette, au contraire, était souriante, affable et caressante pour ses enfants; elle traitait sa nièce comme si elle eût été sa propre fille; et l'enfant répondit bientôt à ces marques de bienveillance par un attachement sincère pour sa tante.

Mme de Villette ayant ainsi gagné le cœur de sa nièce, il lui devint facile de la disposer à adopter ses idées et ses croyances religieuses : on est volontiers porté à suivre les opinions de ceux qu'on aime, surtout quand l'esprit n'est pas encore assez éclairé pour avoir des convictions arrêtées.

Françoise d'Aubigné se trouva bientôt portée à embrasser une religion pour laquelle ses pères avaient combattu ; sa faible raison sourit à toutes les impressions que sa tante lui donna, et comme elle était incapable d'un attachement médiocre, elle se passionna promptement pour le calvinisme.

Mme de Villette, malgré ses erreurs, avait de la vertu ; elle faisait souvent des aumônes, et dans ces occasions, elle chargeait Françoise d'Aubigné de distribuer les secours qu'elle donnait aux indigents, afin de l'accoutumer de bonne heure à compatir à l'infortune d'autrui et à soulager elle-même les malheureux.

Cependant Mme d'Aubigné, qui habitait Niort, et qui ne voyait que rarement sa fille, ne se doutait pas qu'elle eût embrassé si ardemment les nouvelles croyances. Un jour que Françoise était venue voir sa mère, celle-ci voulut la conduire à la messe, Françoise refusa d'abord opiniâtrément de l'y suivre, et finit par l'accompagner de très-mauvaise grâce.

Mme d'Aubigné, justement alarmée, aurait bien voulu conserver sa fille chez elle ; mais les mêmes obstacles qui l'avaient forcée de la confiér à Mme de Villette subsistaient encore avec plus de force. Elle s'adressa à Mme de Neuillant, sa parente, dont la fille avait tenu Françoise sur les fonts baptismaux. Mme de Neuillant, qui était une catholique zélée, obtint, en se prévalant de ce que la jeune demoiselle d'Aubigné était née de parents catholiques, un ordre de la cour pour la retirer des mains de Mme de Villette. Il fallut obéir, et Françoise quitta tristement sa tante pour aller chez Mme de Neuillant.

Sa nouvelle protectrice ne négligea rien pour l'instruire dans la vraie religion ; mais elle rencontra une opiniâtreté désespérante. Comme cette enfant montrait déjà beaucoup d'esprit, elle chargea un respectable ecclésiastique, curé d'une paroisse de Niort, d'avoir avec elle des entretiens et d'éclairer cette jeune intelligence déjà si obscurcie par les préventions et les préjugés.

Melle d'Aubigné voulut d'abord tenir tête au curé et disputer avec lui ; mais elle fut bientôt forcée de s'avouer vaincue, sans toutefois vouloir se rendre.

Tant d'obstination piqua Mme de Neuillant. Après avoir inutilement employé la douceur et les caresses, on espéra la vaincre par les humiliations. On la confondit avec les domestiques, on la chargea des plus humbles détails de la maison. « Je commandais dans la basse-cour, a-t-elle souvent dit depuis, et c'est par là que mon règne a commencé. »

Tous les matins, un *loup* [1] pour conserver son teint, un chapeau de paille sur la tête, une gaule à la main, et un petit panier au bras, Françoise d'Aubigné allait garder les dindons, avec défense de toucher au panier, où était son déjeuner, avant d'avoir appris par cœur cinq quatrains de Pibrac.

Ces humiliations n'étaient guère propres à agir sur un caractère de la trempe de celui de Françoise d'Aubigné. Des personnes expérimentées en firent l'observation à Mme de Neuillant, en l'engageant à mettre sa jeune parente au couvent des Ursulines de Niort. Mme de Neuillant était avare et ne voulait pas payer la pension. On eut recours encore à Mme de Villette, et, ce qui paraîtra peut-être extraordinaire, c'est que cette dame consentit à payer la pension. C'était sans doute de sa part un acte de générosité fort louable; mais nous devons ajouter qu'elle ne pensait pas que sa nièce pût se

[1] On sait qu'on donnait le nom de *loup* à un masque de velours dont les dames ont fait usage pendant la plus grande partie du xvii° siècle.

convertir au couvent. Elle connaissait son caractère entier et ferme jusqu'à l'entêtement; elle
savait avec quelle ténacité elle avait résisté aux
exhortations d'un savant ecclésiastique, à l'influence de ses parents. Elle avait en outre toujours
entretenu une correspondance secrète avec sa nièce
pour l'engager à ne jamais se laisser ébranler.
Tous les sectaires de Niort étaient fiers de cette
fermeté de la petite-fille d'un de leurs anciens
chefs, et ni eux ni Mme de Villette ne pouvaient
supposer que des *béguines* auraient plus d'empire
sur l'esprit de cette jeune fille que sa mère, que
sa marraine et qu'un savant théologien. En la
mettant au couvent, on ne faisait selon leurs
vues que la délivrer de la surveillance de Mme de
Neuillant, et cette nouvelle obligation qu'elle
aurait à sa tante ne ferait que l'affermir dans
sa foi.

Ce calcul paraissait fondé, et l'on put croire
d'abord qu'il serait réalisé en tout point. Melle d'Aubigné, prévenue par sa tante, ne fit aucune difficulté quand on voulut la conduire au couvent.

Laissons-la raconter elle-même cette circonstance de sa vie, dans un de ses entretiens avec les demoiselles de Saint-Cyr.

« J'avais, dit-elle, une parente au couvent des Ursulines de Niort; on me proposa de l'aller voir et de l'embrasser à la porte de clôture. J'y allai de bon cœur; mais comme je savais qu'on m'y voulait laisser, dès que la porte fut ouverte, au lieu de m'amuser à saluer ma parente, je me lançai dans le couvent pour qu'on n'eût pas la peine de me dire d'y entrer. »

Après avoir raconté, d'une manière plaisante, quelques incidents de ses premiers débuts, « Je tombai heureusement, ajoute-t-elle dans son récit, entre les mains d'une maîtresse pleine d'esprit et de raison, qui me gagna par sa politesse et sa bonté; elle ne me faisait aucun reproche, me laissait libre dans l'exercice de ma religion, ne me forçait point à aller faire mes prières dans l'oratoire commun, où il y avait plusieurs images, non plus que d'aller à la messe; mais en même temps elle me faisait instruire à fond de la religion catholique. »

C'était précisément cette instruction qui avait manqué à la jeune Françoise d'Aubigné, et qui lui fut donnée avec douceur et d'une manière appropriée à son caractère. On lui présentait simplement des arguments à sa portée, pour établir telle ou telle vérité de la religion; et son esprit, naturellement droit et sain, ne pouvait s'empêcher d'en reconnaître la justesse.

Peu à peu, à mesure que son esprit s'éclairait, elle rougit de son ignorance, et ne put s'empêcher d'avouer que c'était plus par entêtement et par orgueil que par conviction qu'elle s'était si fort attachée au calvinisme. Bientôt son cœur fut touché par un rayon de la grâce divine; et non-seulement elle crut, mais elle aima cette belle et sainte religion catholique, contre laquelle elle avait tant d'éloignement parce qu'elle ne la connaissait pas; elle crut avec une foi vive et ses dogmes et ses mystères, et dès lors elle prit du goût pour ses touchantes et pompeuses cérémonies, qui ne lui inspiraient naguère que du dédain. Enfin, comme elle le dit elle-même dans l'entretien que nous avons cité plus haut, « elle fit son abjuration avec une entière connaissance de la portée de cet acte et avec une pleine liberté. » A compter de ce jour, elle devint une catholique sincère, zélée, et sa ferveur se soutint jusqu'à la fin de sa vie.

Elle ne fut point arrêtée dans cette détermination importante par la crainte de déplaire à sa tante de Villette ni par les conséquences qui devaient être la suite de son mécontentement. En effet, cette dame, en apprenant la conversion de sa nièce, déclara qu'elle cesserait désormais de payer sa pension et de pourvoir à son entretien comme elle l'avait fait jusqu'ici.

Les Ursulines de Niort se virent forcées de rendre la jeune personne à sa mère, qui trouva moyen de la placer aux Ursulines de la rue Saint-Jacques à Paris.

Dans cette maison, elle s'affermit beaucoup dans la foi et dans la piété. Elle y fit sa première communion, après s'y être préparée de manière à bien comprendre toute la grandeur de l'acte qu'elle allait accomplir. A cette occasion, et quand elle

prononça la rénovation des vœux du baptême, elle
fit une nouvelle et solennelle abjuration de la religion protestante, en même temps qu'elle faisait une
solennelle profession de la foi catholique.

Dans cette journée elle édifia tous ceux qui furent
témoins de sa ferveur; et, à compter de ce moment, elle gagna si bien, par sa douceur et sa
complaisance, le cœur des religieuses et des pen-
sionnaires, qu'on put juger dès lors à quel point
elle aurait le talent de se faire aimer.

Quelque temps après, Mme d'Aubigné, qui habitait Paris depuis que sa fille était chez les Ursulines de la rue Saint-Jacques, et qui continuait à
solliciter pour le procès dont elle ne pouvait voir
la fin, résolut de le terminer par un arrangement
amiable. Elle céda à M. de Sausac, un de ses parents, la terre de Surineau, moyennant deux cents
livres de pension qu'il s'engagea de lui payer;
mais elle fut si pénétrée de douleur de cette cession
forcée des droits de ses enfants, qu'elle en fit une
maladie dont elle mourut.

Après la mort de sa mère, Melle d'Aubigné re-

tourna en Poitou, chez Mme de Neuillant, seule
personne à peu près qui lui restât de sa famille :
Mme de Villette était morte ; son frère aîné était
mort aussi ; son second frère, Charles, avait été
placé dans les pages, chez M. de Parabère. Elle se
trouva donc de nouveau à la charge de Mme de
Neuillant, qui ne le lui fit que trop sentir. Elle
resta pendant trois mois enfermée dans une petite
chambre à Niort, moins occupée de sa misère, car
elle était presque sans ressources, que de sa douleur. On ne l'avait cependant pas oubliée à Paris,
où elle avait laissé plusieurs amies de son âge qui
s'intéressaient vivement à son sort ; elle avait surtout
inspiré un tendre attachement à une demoiselle de
Saint-Harmant, qui lui donna de douces consolations au moment de la perte de sa mère, et qui
reçut d'elle cette réponse :

« De Niort, 1650.

» Mademoiselle, vous m'écrivez des choses trop
flatteuses.... Je ne regretterais point Paris si vous
n'y étiez pas ; vous effacez tout ce qui m'y a plu ;

je n'oublierai jamais les larmes que vous avez ver-
sées avec moi, et toutes les fois que j'y pense, j'en
verse encore. Je m'assieds avec un plaisir toujours
nouveau sur cette chaise que vous avez travaillée
de vos mains, et quand je veux écrire, je ne suis
pas contente ni de mes expressions ni de mes pensées, si je ne me sers pas de vos plumes et de
votre papier. Je vous prie, mademoiselle, de me
dispenser de vous l'envoyer tout écrit; je n'ai ni
assez de courage ni assez d'esprit pour cela; je vous
en promets la moitié, et vous aurez le reste quand
j'aurai autant d'esprit que M. Scarron. J'aime bien
Melle de Neuillant; je vous prie de le lui dire et
de la remercier du service qu'elle m'a rendu en
me donnant en vous une amie qui me consolerait
de la perte de ma mère, si quelque chose pouvait
m'en consoler. »

Voici comment le nom de Scarron se trouve dans
cette lettre. On sait que ce poëte burlesque était
atteint d'une maladie qui l'avait paralysé de presque tous ses membres, mais qui ne lui avait ôté

ni son esprit ni sa gaîté. Chez lui se réunissaient
Ménage, Pélisson, Scudéry, Benserade, Sarrazin,
Marigny, Segrais, etc., hommes de lettres de cette
époque, tous ses amis ; on voyait aussi chez Scarron
des hommes appartenant à la haute société, tels
que les trois Villarceaux, le maréchal d'Albret, le
duc de Vivonne, le marquis de Sévigné, le comte
de Grammont, Mortemart, Coligny, Rincy, d'El-
bène, le coadjuteur de Retz, La Sablière, M. de
Sériven, et beaucoup d'autres de la meilleure
compagnie. Quelques femmes respectables allaient
aussi quelquefois chez Scarron, ou bien le rece-
vaient chez elles, où il se faisait porter. On peut
citer au nombre des dames qui témoignaient de
l'amitié à Scarron et qui le voyaient souvent, la
duchesse de Lesdiguières, la marquise de Villarceaux, la duchesse d'Aiguillon, Mmes de Fiesque,
de Brienne, d'Estissac, M^{elles} d'Hautefort, du
Lude, de Saint-Mégrin, qui aimaient à jouir
de la gaîté de ce malade, réputé partout le plus
réjouissant des causeurs. Mme de Neuillant, quand
elle venait à Paris, allait aussi souvent chez

Scarron, et elle y conduisit plusieurs fois sa cousine, Mme d'Aubigné, dans l'espoir de lui faire rencontrer, parmi les hommes puissants qui fréquentaient cette maison, quelqu'un qui voulût bien solliciter en sa faveur relativement à ses interminables procès. Dans une de ces visites, Mme de Neuillant présenta un jour chez Scarron Melle d'Aubigné, âgée alors de quatorze ans à peine, déjà remarquable mais timide, et qui se mit à pleurer en entrant, embarrassée de sa robe trop courte et de sa toilette un peu provinciale. Sa jeunesse et son embarras touchèrent tout le monde et particulièrement Scarron. La présence de cette jeune fille candide et modeste ne fut qu'une apparition au milieu de cette société joyeuse et bruyante; car ce fut peu de temps après que mourut Mme d'Aubigné, et que sa fille retourna en Poitou avec Mme de Neuillant.

Mme de Saint-Harmant, dont la fille s'était liée, comme nous l'avons vu, avec Melle d'Aubigné, fréquentait aussi la maison de Scarron, et voilà pourquoi dans sa lettre à Melle de Saint-Harmant elle lui

parle du poëte chez lequel, probablement, elles
s'étaient rencontrées toutes deux. Quoi qu'il en soit,
Melle de Saint-Harmant montra à Scarron la lettre
de son amie; celui-ci fut frappé de tant de tact et
d'esprit chez cette jeune personne, qui, dès le premier jour, l'avait intéressé; il voulut à son tour
lui écrire. Voici sa lettre :

« Mademoiselle, je m'étais toujours bien douté
que cette petite fille que je vis entrer, il y a six
mois, dans ma chambre avec une robe trop courte,
et qui se mit à pleurer je ne sais pas bien pourquoi, était aussi spirituelle qu'elle en avait la mine.
La lettre que vous avez écrite à Melle de Saint-Harmant est si pleine d'esprit, que je suis mécontent
du mien de ne m'avoir pas fait connaître assez tôt
tout le mérite du vôtre. Pour vous dire vrai, je
n'aurais jamais cru que dans les îles de l'Amérique,
ou chez les religieuses de Niort, on apprît à faire
de belles lettres, et je ne puis bien m'imaginer pour
quelle raison vous avez apporté autant de soin à
cacher votre esprit que chacun en a de montrer
le sien. A cette heure que vous êtes découverte,

vous ne devez point faire difficulté de m'écrire aussi bien qu'à Melle de Saint-Harmant. Je ferai tout ce que je pourrai pour faire une aussi bonne lettre que la vôtre, et vous aurez le plaisir de voir qu'il s'en faut de beaucoup que j'aie autant d'esprit que vous. Tel que je suis, je serai toute ma vie, etc. »

CHAPITRE III

Mme de Neuillant ramena bientôt à Paris Melle d'Aubigné. Elle la conduisit dans ses sociétés

ordinaires, soit pour la former, soit pour la pro-
duire et lui procurer une position sortable. Melle
d'Aubigné avait une physionomie extrêmement
distinguée qui attirait partout l'attention ; elle avait
déjà une réserve et une dignité naturelles qui pro-
tégeaient son âge et sa beauté, et forçaient tout
le monde à la réserve et au respect. Les malheurs
de sa famille, les vicissitudes de sa vie à peine
commencée, et l'incertitude de son avenir, avaient
hâté pour elle le temps de la maturité et de la réflexion, et avaient jeté comme une teinte de gravité sur sa jeunesse, qui y trouvait une défense de
plus. Elle semblait ignorer tous ses avantages exté-
rieurs, et ne paraissait occupée que de son chagrin. Elle parlait peu, mais assez pour que sa
raison précoce frappât tous ceux qui l'approchaient,
intéressés déjà par ce qu'on savait de son histoire.
On contait diversement les aventures de la jeune
orpheline ; on la croyait née en Amérique, et par
cette raison on ne la désignait que sous le nom de
la Belle Indienne.

Mme de Neuillant avait de nouveau conduit sa

pupille chez Scarron, où son apparition produisit une sensation toute différente de la première. Scarron, naturellement bon, fut touché de la triste position de la jeune personne, et de ce qu'elle avait à souffrir des duretés de Mme de Neuillant. Voulant la soustraire à la dépendance de sa parente, il lui offrit de payer sa dot, si elle voulait entrer en religion, ou bien de l'épouser; lui faisant sentir, qu'en présence de la misère qui la menaçait, il n'y avait pour elle que l'un ou l'autre de ces deux moyens d'échapper aux périls où l'exposaient une beauté déjà célèbre, l'isolement, l'inexpérience et la séduction. Melle d'Aubigné ne se sentait pas appelée à l'état religieux, et Mme de Neuillant, qui ne cherchait qu'à se débarrasser de sa pupille, l'engagea à accepter la main du poëte. Le mariage fut promptement conclu.

La célébration eut lieu en mai ou juin 1652. Melle de Pons, depuis Mme d'Hendicourt, déjà l'amie de Melle d'Aubigné, lui prêta des habits pour le jour de ses noces.

Mme Scarron, d'abord timide, se montra bientôt

aimable et spirituelle , et donna un nouvel agrément
aux réunions qui se faisaient chez son mari. Elle
n'abandonna aucune de ses habitudes religieuses,
et elle savait prendre, malgré son âge, un air de
dignité qui, dans sa maison , imposait le respect
sans nuire à l'esprit et à la gaîté ; elle rachetait
par la grâce de ses manières et par une préve-
nance empressée et naturelle, ce que son maintien
avait de réservé.

La maison de Scarron ne perdit rien de sa
renommée ; Mme Scarron en modifia le ton, mais la
compagnie n'en fut que meilleure , et on devint
plus décent sans être moins aimable. Mme Scarron
avait un esprit fait pour profiter de celui qu'on
prodiguait autour d'elle ; elle achevait de former
le sien en réformant celui des autres. Quand son
mari souffrait, elle le soignait avec dévouement ;
quand il se portait mieux , elle lui servait de se-
crétaire et souvent de critique, ou bien , écolière
docile, elle recevait ses leçons. Elle apprit l'italien,
l'espagnol et même le latin, et acquit des connais-
sances variées et solides.

Elle faisait les délices de la société qui se ras-
semblait chez elle. « Mme Scarron, dit Tallemant
des Réaux, est devenue fort aimable et a beaucoup
d'esprit. » En effet, sa timidité s'étant peu à peu
dissipée, elle avait acquis un charme infini de
conversation ; et tout le monde sait le mot du
domestique qui un jour, à table, vint lui dire à
l'oreille : « Madame, encore une histoire ; le rôti
nous manque aujourd'hui. »

Tout le monde recherchait son amitié. Il y avait
surtout quelques dames connues par leur sagesse
et leur vertu, qui faisaient profession à son égard
d'une affection toute particulière, et Mme Scarron
se plaisait à se mettre sous leur protection, sans
se douter qu'elle serait un jour leur protectrice.
Mme de Montchevreuil et Mme Fouquet entre autres
voulaient sans cesse l'avoir auprès d'elles et ne
pouvaient s'en passer.

C'était toutefois dans l'intérieur de sa maison,
quoiqu'elle n'y demeurât pas solitaire, que Mme
Scarron vivait le plus. On ne la rencontrait ni dans
les réunions ni dans les sociétés qui se multipliaient

de toutes parts. Sa jeunesse se passait au pied du lit de son mari malade. Elle lui prodiguait les soins les plus attentifs avec affection et dévouement. Elle était soutenue dans l'accomplissement de cette tâche par la religion et le devoir, deux appuis qui ne lui manquèrent jamais et avec lesquels on peut aborder sans crainte toutes les situations de la vie. Nous avons la preuve de ses sentiments religieux dans une lettre écrite en 1654, c'est-à-dire à l'âge de dix-neuf ans, et la seconde année de son mariage, à une personne qui avait eu des écarts, et à laquelle elle donne des conseils qu'on croirait datés de Saint-Cyr : « Donnez-vous à Dieu, lui écrit-elle, fuyez le monde pour un temps. M. Scarron, qui juge très-sainement les choses quand il veut bien les examiner sérieusement, est de mon avis. Adressez-vous à quelque homme de bien qui vous conduira dans les voies du Seigneur. Tout est vanité, tout est affliction d'esprit : l'expérience doit vous l'apprendre. Jetez-vous dans les bras de Dieu ; il n'y a que lui dont on ne se lasse pas et qui ne se lasse jamais de ceux qui l'aiment. »

Mme Scarron paraît donc déjà telle que se montra plus tard Mme de Maintenon, pieuse et vertueuse ; et c'est cette unité dans sa vie, au milieu des circonstances les plus diverses, qui en fait le mérite et la gloire.

Cette époque fut pour elle le premier temps, sinon du bonheur, au moins du repos et de la tranquillité. Quand la santé de Scarron s'affaiblit et qu'il sentit sa fin approcher, il dit à Segrais, l'un de ses meilleurs amis : « Je mourrai bientôt, je le sens bien ; le seul regret que j'aurai en mourant, c'est de ne pas laisser de biens à ma femme, qui a infiniment de mérite, et de qui j'ai tous les sujets imaginables de me' louer. » Non-seulement il vit approcher la mort avec courage, mais sa gaîté burlesque n'en fut pas vaincue.

Le seul moment sérieux qu'il accorda à la mort, fut celui où sa femme lui fit remplir ses devoirs religieux, dont il s'acquitta avec foi et respect. Scarron avait toujours été chrétien. Jamais, dans ses écrits ou dans ses plaisanteries, il n'offensa la religion, dont il accomplissait exactement les devoirs. Au moment de mourir, il dit à sa femme avec attendrissement : « Je vous prie de vous souvenir quelquefois de moi ; je vous laisse sans biens ; la vertu n'en donne pas ; cependant soyez toujours vertueuse. »

Il mourut le 14 octobre 1660, ne laissant à sa veuve que des dettes et quelques amis.

Mme Scarron avait alors vingt-cinq ans ; sa beauté était dans tout son éclat. Elle était retombée dans un état voisin de la pauvreté, et cependant elle ne voulut être à charge à personne. Elle se retira au couvent des Hospitalières de la place Royale, où la maréchale d'Aumont, sa parente, lui prêta une chambre, et où quelques économies qu'elle avait lui suffirent pour les premiers temps.

Cette situation précaire de Mme Scarron dura environ un an. L'admiration qu'excitait partout sa conduite parvint jusqu'à la reine-mère, qui, touchée de la vertu et du malheur d'une fille de condition réduite à une aussi grande pauvreté, lui continua la pension qu'elle faisait à son mari en qualité de *son malade !* elle n'était que de

quinze cents livres ; la reine la porta à deux
mille.

En recevant ce bienfait de la reine-mère, Mme
Scarron écrivit à Mme la maréchale d'Albret, qui
l'avait chaudement recommandée dans cette circonstance : « Madame, je suis pénétrée du service que
vous m'avez rendu, et ce qui me charme de votre
procédé, c'est que vous m'ayez accordé votre protection sans me l'avoir promise. Je pourrai donc
désormais travailler tranquillement à mon salut....
J'ai bien promis à Dieu de donner aux pauvres le
quart de ma pension. Ces cinq cents livres de plus
que n'avait M. Scarron, leur sont dues en bonne
morale. »

Désormais à l'abri du besoin, Mme Scarron s'était
retirée aux Ursulines de la rue Saint-Jacques, son
ancien couvent. Là elle menait une vie simple et
modeste, mais non solitaire et triste. « Elle y voyait,
dit Melle d'Aumale dans ses Mémoires, la meilleure
compagnie, et avec sa pension de deux mille livres
elle gouverna si bien ses affaires, qu'elle était toujours honnêtement vêtue, quoique fort simplement,

car ses habits n'étaient que d'étamine du Lude fort à la mode dans ce temps-là pour une personne de médiocre fortune ; elle n'avait que du linge uni, était bien chaussée et avait de très-belles jupes. Elle trouvait moyen, sur ces deux mille livres, de s'entretenir ainsi que je viens de le dire, de payer sa pension, celle de sa femme de chambre et ses gages, et elle ne brûlait que de la bougie. Avec cela, elle avait encore souvent de l'argent de reste au bout de l'année. Elle n'avait jamais, disait-elle, passé de temps plus heureux. »

La maréchale d'Albret, qui l'aimait tendrement, aurait désiré qu'elle vînt loger chez elle ; mais Mme Scarron préféra le modeste asile du couvent. Toutefois l'hôtel d'Albret était une des maisons où elle allait le plus souvent.

La maréchale d'Albret était une excellente personne et très-attachée à la religion. Sa bonté, jointe aux dignités du maréchal et au grand état de sa maison, contribuait à attirer chez elle une compagnie nombreuse et choisie. Mme Scarron rencontrait chez le maréchal d'Albret, Mmes de Coulanges, de Lafayette, de Thianges, Melle de Pons, depuis dame d'Hendicourt, la marquise de Sablé et le duc de Larochefoucault.

La jeune veuve était recherchée par tout ce grand monde, et chacun lui donnait des preuves de la confiance que son caractère inspirait. On la consultait; on suivait ses avis, on se fiait à son jugement, on s'en rapportait à la parfaite liberté d'esprit de cette personne dont le calme et l'équilibre n'étaient jamais troublés.

Mme Scarron allait passer ordinairement ses étés chez Mme de Montchevreuil; elle n'oublia jamais cette dame au temps de ses grandeurs. « Car elle eut cela de bon, dit un contemporain, qu'elle aima presque tous ses vieux amis dans tous les temps de sa vie. »

Tel était le genre de vie, modeste et doux, que menait alors Mme Scarron, au milieu des empressements et des hommages que lui attiraient son esprit et sa beauté, et bien éloignée de se douter de la haute destinée qui l'attendait.

La mort de la reine-mère, arrivée le 20 janvier 1666 , et la perte de sa pension , qui en fut la suite, la laissèrent de nouveau sans ressources. Cet événement ne lui fit pas regretter d'avoir rejeté un riche établissement qu'on lui avait proposé, mais qui ne lui convenait sous aucun autre rapport. « Je le jure en la présence de Dieu, écrivait-elle à la duchesse de Richelieu , quand même j'aurais prévu la mort de la reine, je n'aurais point accepté ce parti ; j'aurais respecté mon indigence.... Si le refus était à faire, je le ferais encore , malgré la profonde misère dont il plaît au Ciel de m'éprouver. »

La duchesse de Richelieu lui ayant offert un asile, elle la remercia en ces termes : « Je vous remercie de tout mon cœur de la retraite que vous m'offrez ; mais je suis bien éloignée aujourd'hui de quitter la rue Saint-Jacques ; il n'y a qu'une vie retirée qui puisse me convenir dans la situation où me réduit la mort de la reine. Mon deuil est bien différent de celui de la cour : j'ai à pleurer ma bienfaitrice , et mon repos et mon bonheur. »

Soit effet ordinaire du malheur, soit blâme du refus qu'elle avait fait de se remarier, sa société se refroidit pour elle. Elle alla voir sans fruit M. Colbert ; elle fit présenter au roi deux placets où l'abbé Testu avait mis toute son éloquence ; on ne les lut seulement pas. Chacun lui offrait sa protection du bout des lèvres ; on lui répondait, *Je verrai*, *je parlerai*, du ton dont on dit le contraire. « Ah ! si j'étais dans la faveur, écrivait-elle le 28 avril 1666, que je traiterais différemment les malheureux ! Qu'on doit peu compter sur les hommes ! Quand je n'avais besoin de rien, j'aurais tout obtenu ; quand j'ai besoin de tout, tout m'est refusé. »

N'espérant plus obtenir en France une existence convenable, Mme Scarron écouta la proposition qu'on lui fit de l'attacher à la princesse de Nemoyrs, qui allait épouser Alphonse VI, roi de Portugal. Tout était disposé pour le voyage ; mais avant de s'expatrier, Mme de Thianges voulut la présenter à sa sœur, Mme de Montespan, dame d'honneur de la reine. Celle-ci l'engagea à rédiger un nouveau placet qu'elle se chargerait de présenter elle-même au roi. « Quoi ! s'écria Louis XIV, encore la veuve Scarron ! — Sire, repartit la dame d'honneur, il y a longtemps que vous ne devriez plus en entendre parler; et il est étonnant que Votre Majesté n'ait pas encore écouté une femme dont les ancêtres se sont ruinés au service des vôtres. » M. de Villeroi se joignit à Mme de Montespan, et la pension fut rétablie. Ecoutons Mme Scarron rendre compte de cet événement à Mme de Chanteloup :

« Je n'irai point en Portugal, madame, lui écrit-elle; c'est une chose décidée. Ces jours passés, Mme de Thianges me présenta à sa sœur, lui disant que j'allais partir pour Lisbonne. « Pour » Lisbonne ! dit-elle, mais cela est bien loin; il » faut rester ici. Albret [1] m'a parlé de vous, et » je connais tout votre mérite. » J'aimerais bien mieux, disais-je en moi-même, qu'elle connût toute ma misère. Je la lui peignis, mais sans me ravaler ; elle m'écoutait avec attention, quoiqu'elle

[1] Le maréchal d'Albret était parent de Mme de Montespan.

fût à sa toilette. Je lui dis que ma pension était supprimée, que j'avais sollicité en vain M. Colbert, que mes amis avaient en vain présenté des placets au roi, que j'étais obligée de chercher hors de ma patrie une subsistance honnête; que la longueur du voyage ne m'effrayait point, puisque j'avais fait dans mon enfance celui d'Amérique. Enfin, Mme de Lafayette aurait été contente du *vrai* de mes expressions et de la brièveté de mon récit. Mme de Montespan en parut touchée, et m'en demanda le détail dans un mémoire qu'elle se chargea de présenter au roi. Je la remerciai très-affectueusement. J'écrivis à la hâte mon placet, et j'en fus aussi contente que si votre abbé (l'abbé Testu) y avait mis tout son esprit. Le roi l'a reçu, dit-on, avec bonté; peut-être que la main qui l'a offert l'aura rendu agréable. M. de Villeroi s'est joint à elle; enfin, ma pension est rétablie sur le même pied que la feue reine me l'avait accordée. Deux mille livres ! c'est plus qu'il n'en faut pour ma solitude et pour mon salut. »

Mme Scarron, présentée par sa bienfaitrice, vint

témoigner sa reconnaissance à Louis XIV , qui , joignant la grâce au bienfait, lui dit : « Madame , je vous ai fait attendre longtemps ; mais j'ai été jaloux de vos amis ; j'ai voulu avoir seul ce mérite auprès de vous. »

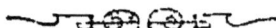

CHAPITRE IV

Projet de retraite de Mme Scarron. —. Elle prend l'abbé Gobelin pour directeur. — Sa lettre à l'abbé Testu sur ses pensées de dévotion et de retraite. — Elle va habiter la rue des Tournelles. — Elle est établie à Versailles. — Sa conduite à la cour. — Piété qui la distingue. — Sa position difficile à la cour. — Ses démêlés avec Mme de Montespan. — Comment elle parle de ses rapports avec Mme de Montespan. — Leur intimité, leurs brouilleries, leurs raccommodements. — Mme Scarron s'attache particulièrement au duc du Maine. — Portrait de ce jeune prince. — Les cent mille livres de *dragées*. — Autre gratification de cent mille livres. — Mme Scarron achète la terre de Maintenon. — Le roi lui donne le nom de cette terre, qu'elle a toujours porté depuis. — Erection de la terre de Maintenon en marquisat.

Mme Scarron, rassurée sur son sort, reprit pendant quelque temps ses habitudes, sa gaîté et le commerce de ses amis. Cependant elle ne tarda pas à perdre de son goût pour le monde, malgré le succès qu'elle y obtenait. Soit que ses derniers chagrins, en le lui faisant mieux connaître, eussent motivé cet éloignement, soit, comme on l'a souvent affirmé, qu'elle eût été profondément touchée des sermons du P. Bourdaloue, qui vint en 1669 prêcher à Paris pour la première fois, elle prit alors la résolution de se donner tout à fait à Dieu. Elle avait même songé un instant à se faire religieuse. « Je crois, écrivait-elle à Mme de Chanteloup, que Dieu m'appelle à lui par ces épreuves ; il appelle ses enfants par l'adversité. Qu'il m'appelle, je le suivrai dans la règle la plus austère : je suis aussi lasse du monde que les gens de la cour le sont de moi. »

Cependant elle ne suivit pas ce mouvement, mais elle fit le projet de réformer sa vie et de s'appliquer entièrement à son salut. Elle se mit sous la direction de l'abbé Gobelin, devenu de capitaine de cavalerie prêtre et docteur de Sorbonne ; esprit rigide, très-opposé à la direction relâchée, et propre, par sa sévérité, à ce que voulait Mme Scarron. Ces pensées de retraite alarmèrent ses amis ; on en causa, on voulut l'en détourner, et l'abbé Testu se chargea de lui faire des remontrances.

Nous n'avons pas la lettre de l'abbé Testu ; mais nous avons la réponse de Mme Scarron, qui le rassure, le plaisante et le prêche tout à la fois. La voici :

« Ne vous alarmez pas de ma dévotion, mon pauvre abbé. Rassurez l'hôtel Richelieu ; on n'oublie pas, dans la solitude, des amis à qui l'on en doit tous les agréments. Ma vie, dites-vous, n'a pas besoin de réforme : le P. Bourdaloue ne me parlerait pas sur ce ton. Vous êtes aujourd'hui mondain, vous ne le serez pas toujours ; viendra un temps où vous préférerez le ciel à la terre : vous êtes fait pour Dieu. Ceux qui attribuent ma retraite à un dépit, sans doute ne me connaissent pas : ai-je jamais donné lieu à de pareils soupçons ? Elle est le fruit de réflexions sérieuses ; je fuis le monde parce que je l'ai trop aimé, parce que je l'aime trop. Vous me dites qu'on peut y faire son salut ; vous devez sentir vous-même combien cela est difficile. J'aime bien cette maxime du P. Joseph : « Pour être vertueux » à Paris, il ne suffit pas de le vouloir. » Je ne

veux pourtant pas en sortir encore ; trop de chaînes
m'y attachent, et, à ma faiblesse, je sens que je
ferais des efforts inutiles. On vous a dit vrai si
l'on vous a dépeint mon directeur comme un
homme rigide. Il ne défend point les plaisirs innocents, mais il ne permet pas de traiter d'innocents
ceux qui sont criminels. Sa piété est douce, gaie,
point fastueuse ; il n'exige pas une vie toujours
mortifiée, mais il veut une vie chrétienne et active.
C'est un homme admirable ; je vous l'enverrai, si
vous le souhaitez, à vous et à Guébriant. Il com-
mence par s'emparer des passions ; il s'en rend
maître, et il y substitue des mouvements contraires.
Il m'a ordonné de me rendre ennuyeuse en compagnie pour mortifier la passion qu'il a aperçue en
moi, de plaire par mon esprit : j'obéis..... »

Mme Scarron prit un logement modeste dans la
rue des Tournelles et y vécut solitaire ; elle allait
souvent au couvent des Filles bleues, qui était
voisin, et où l'attirait la maréchale de Rantzaw,
son amie, qui y avait pris l'habit religieux. Elle
vivait dans ce petit logement de la rue des Tour-

nelles, paisible et retirée, occupée de lectures graves et de bonnes œuvres, lorsqu'un incident imprévu vint décider de son avenir. Mme de Montespan, dans ses entrevues avec la veuve du poëte, avait été charmée des grâces de son esprit, et sa pensée se porta vers elle pour la première éducation des enfants dont la naissance aurait dû lui faire verser des larmes d'un amer repentir. C'était une mission délicate, épineuse et qui demandait autant de discrétion que de sagesse et de dignité.

Mme Scarron sut remplir avec une haute convenance cet emploi si difficile. Elle avait près de quarante ans quand elle vint s'établir à la cour. Elle ne dépara son nouveau titre ni sous le rapport des agréments ni sous celui de la piété, car ce fut le propre de ce siècle d'avoir produit une foule de femmes remarquables par leur esprit et leur beauté, qui, dans toutes les conditions, donnèrent l'exemple d'une existence tout entière dirigée par la religion. On peut même dire que Mme de Maintenon eut son œuvre à elle, en contribuant à tirer le roi du désordre, à le rapprocher de la reine, à faire triompher à la cour la réforme des mœurs.

La piété est en effet ce qui domine dans sa vie ; et il faut le remarquer, parce que c'en est en quelque sorte le secret, en ce sens qu'elle servit de guide à ses actions et qu'elle explique sa conduite bien plus que les calculs de l'habileté dont on a voulu faire honneur à son esprit. Elle a tracé elle-même sa propre histoire en disant ces paroles pleines d'un grand sens : *Il n'y a rien de plus habile qu'une conduite irréprochable.*

Lorsqu'elle fut établie à la cour, elle y vécut d'abord assez retirée, à cause des soins qu'elle devait à ses élèves, puis admise de plus en plus dans l'intimité de Mme de Montespan et du roi, de plus en plus aussi séparée de la société et de ses amis. Elle y était arrivée moins avec ambition qu'avec crainte, même avec répugnance, et un peu effarouchée de la position difficile qui l'y attendait.

Plus Mme de Montespan connut Mme Scarron, plus elle s'y attacha, ravie d'avoir sous la main et pour société journalière une personne si aimable, si spirituelle, de si bon conseil et de si bonne compagnie.

Il est vrai que la grande intimité qui s'était établie entre elles ne dura pas longtemps sans nuages. Mais l'attrait mutuel qu'elles avaient l'une pour l'autre effaçait vite leurs brouilleries. Mme de Montespan se montra bientôt capricieuse, impérieuse et jalouse. Tantôt elle était enchantée de la gouvernante, lui confiait tout avec épanchement, lui parlait de ses affaires et lui demandait ses conseils; tantôt elle la traitait avec froideur, prétendait qu'elle lui fût entièrement soumise, et lui faisait sentir la distance qui les séparait. Celle-ci voulait être traitée non comme égale, mais comme amie, et ne supportait pas d'être le jouet d'une femme dont elle n'était pas la complaisante.

Parmi les sujets de querelle, l'éducation des enfants n'était pas un des moindres. Mme de Montespan, très-occupée de mille autres choses, y regardait d'ordinaire fort peu, mais parfois elle intervenait, contrariait les plans, voulait tout changer, surtout diminuer la dépense. Ces deux dames étaient rarement d'accord sur les soins à donner et sur le régime à faire suivre à ces enfants, que Mme de Montespan gâtait beaucoup, qu'elle habituait à veiller avec elle et dont elle faisait son jouet, ce que ne pouvait supporter l'esprit sensé de Mme Scarron. Celle-ci s'était entièrement dévouée à ces enfants, non—seulement par devoir, mais par tendresse. Elle s'était surtout attachée au second, qui était le duc du Maine.

Il est vrai que le duc du Maine était charmant. Sa beauté, sa gentillesse, sa raison précoce et la finesse de ses réparties lui avaient fait une véritable réputation. Le roi en raffolait. Un jour qu'il causait avec cet enfant, il lui dit : « Je vous trouve bien raisonnable pour votre âge. — Il faut bien que je le sois, répondit le jeune prince, j'ai une dame auprès de moi qui est la *raison* même. — Allez lui dire, reprit le roi, que vous lui donnerez ce soir cent mille livres pour vos dragées. »

Ce premier don, sous le nom de *dragées*, avait été fait quelques jours après l'établissement des enfants à Versailles. Peu de temps après, il lui fut encore fait un don de pareille somme. Ces gratifications ne lui ôtaient pas le désir de s'éloigner de la cour; elle écrivait à cette occasion à l'abbé Gobelin, après lui avoir parlé de ce nouveau bienfait du roi : « Maintenant je suis résolue d'acheter une terre auprès de Paris. J'attends des nouvelles de M. Viette pour en aller visiter, car je ne change point sur l'envie de me retirer. »

En effet, elle trouva bientôt l'emploi des deux cent mille livres que le roi lui avait données, en faisant, au mois de décembre 1674, l'acquisition de la terre de Maintenon, située à quatorze lieues de Paris, à dix de Versailles, à quatre de Chartres, et valant dix à douze mille livres de rente. Elle alla visiter cette acquisition au commencement de l'année 1675, et à cette occasion, elle écrit à Mme de Coulanges : « J'ai été deux jours à Maintenon, qui m'ont paru un moment. C'est une assez belle maison, un peu

trop grande pour le train que j'y destine. Elle
a de fort beaux droits, des bois où Mme de Sévigné rêverait à Mme de Grignan tout à son aise.
Je voudrais pouvoir y demeurer, mais le temps
n'est pas encore venu. »

Au retour de ce petit voyage, un mot tout à
fait inattendu, et que le roi, qui était toujours
gracieux pour elle, prononça tout simplement,
comme par habitude, fit assez d'effet à la cour
et marqua l'époque d'un heureux changement
pour la gouvernante : légère circonstance qui ne
fut pas sans importance dans sa destinée. En lui
parlant, le roi la nomma devant tout le monde
Madame de Maintenon; et depuis, elle n'a plus
porté et on ne lui a plus donné d'autre nom.
« Il est très-vrai, écrit-elle à Mme de Coulanges
dans la même lettre que nous venons de citer,
que le roi m'a nommée Madame de Maintenon
et que j'ai eu l'imbécilité d'en rougir. »

La terre de Maintenon fut érigée en marquisat
en 1689, et Mme de Maintenon porta dès lors le
titre de marquise.

CHAPITRE V

Pendant six à sept ans que Mme de Maintenon exerça à la cour les fonctions de gouvernante, ses querelles et ses raccommodements avec Mme de Montespan ne cessèrent pas. « C'est une chose étrange, disait Mme de Maintenon, que nous ne puissions vivre ensemble et que nous ne puissions nous séparer. Je l'aime, et ne puis me persuader qu'elle me haïsse. » Ce qui n'est pas moins étrange, c'est que quand l'humeur de Mme de Montespan était calme, elle prenait fort bien les réflexions morales, et les pieuses remontrances que lui faisait amicalement Mme de Maintenon. L'exemple et les sages paroles de celle-ci lui étaient comme un remords continuel. « Venez me voir, lui écrivait-elle un jour ; mais surtout ne promenez pas sur moi ces grands yeux noirs qui m'effraient. »

Au mois de mai 1675, Mme de Maintenon partit pour Barréges, où elle conduisit le duc du Maine. Pendant ce voyage, elle entra en correspondance directe avec le roi, et l'on dit que ce fut cette correspondance qui acheva de lui gagner entièrement la confiance et l'estime du monarque.

Mme de Maintenon demeura près de trois mois à Barréges, qui était alors un lieu presque inconnu et fréquenté par les seuls paysans des alentours.

Ce fut le médecin Fagon qui, dans ses excursions dans les Pyrénées, le découvrit en quelque sorte, en reconnut l'importance et l'indiqua à Mme de Maintenon, qui en fit ensuite la réputation et la fortune. Ce fut aussi l'origine de la fortune de Fagon, « un des bons et des beaux esprits de l'Europe, grand botaniste, grand chimiste, habile connaisseur en chirurgie, excellent médecin et bon praticien, aimant la vertu, l'honneur, la science, le mérite. » Mme de Maintenon l'eut bientôt apprécié et le fit nommer médecin des enfants du roi; plus tard, en 1680, médecin de Mme la Dauphine et des enfants de France, et, en 1693, premier médecin du roi. Fagon resta toujours profondément attaché à Mme de Maintenon, et se montra, jusqu'à la fin de sa vie, plein de respect pour elle.

Les eaux de Barréges n'ayant pas produit d'aussi bons effets qu'en avait espéré Fagon, il conseilla de mener le jeune prince à celles de Bagnères, qui parurent le fortifier enfin, et il commença à marcher. « Quoique ce ne soit pas encore bien vigoureusement, écrivait Mme de Maintenon à son frère, il y a lieu d'espérer que bientôt il marchera comme vous. Vous ne savez pas toute la tendresse que j'ai pour lui, mais vous en connaissez assez pour ne pas douter que cet heureux succès de mon voyage ne me fasse un grand plaisir. »

Elle se remit en route au commencement d'octobre pour retourner à Versailles ; elle passa par le Poitou, berceau de sa famille ; elle alla voir la prison de Niort, où elle était née, le couvent des Ursulines, où on l'avait élevée par charité ; et, repassant dans son esprit tant de vicissitudes éprouvées depuis sa naissance, elle admirait les vues de la Providence qui l'avait tirée si heureusement de positions si pénibles. Cependant elle ne pressentait encore en aucune manière sa future grandeur. Elle revit aussi M. et Mme de Villette et ses autres parents, passa trois jours à Murçay et un jour à Surineau.

Mme de Maintenon revenait à la cour plus confiante dans la bienveillance du roi, plus

protégée par-là même contre les boutades de
Mme de Montespan : et à la cour on fut frappé
des progrès qu'elle avait faits dans l'esprit du
monarque. Ses projets de retraite n'étaient pas
pour cela abandonnés. Mme de Maintenon, que ce
commencement de prospérité n'enivrait pas, les
nourrissait toujours dans son esprit, et continuait
d'en parler, quoique moins souvent, à l'abbé
Gobelin. Elle lui écrit à la fin de juin 1676 :
« Je désire plus ardemment que jamais être hors
d'ici, et je me confirme de plus en plus dans
l'opinion que je n'y puis servir Dieu. » Elle
ajoute un peu plus loin : « Je suis à merveille
avec Mme de Montespan, et je me sers de ce temps-là
pour lui faire entendre que je veux me retirer ;
elle répond peu à ces propositions, il faudra voir
ce que nous en ferons à son retour. (Elle était
aux eaux de Bourbon.) Demandez à Dieu, je vous
en conjure, qu'il conduise et rectifie mes desseins
pour sa gloire et pour mon salut. »

— L'année suivante, on eut l'idée de faire une
histoire par les médailles des principaux événe-

ments du règne de Louis XIV. « Ce projet, dit Louis Racine dans les Mémoires sur la vie de son père, se changea bientôt en une histoire suivie du règne entier. Ce fut Mme de Maintenon qui proposa au roi de charger du soin d'écrire cette histoire Boileau et mon père (Jean Racine). Le roi, qui les en jugea capables, les nomma ses historiographes en 1677. »

Vers la fin de 1679, un événement important pour Mme de Maintenon vint mettre un terme à toutes ses brouilleries et ses raccommodements entre elle et Mme de Montespan. M. le Dauphin allait épouser la fille de l'électeur de Bavière. A la formation de la maison de la nouvelle Dauphine, le roi nomma Mme de Maintenon seconde dame d'atours de cette princesse. Mme de Maintenon sortait ainsi tout à fait d'esclavage. En entrant chez Mme la Dauphine, elle n'avait plus rien de commun avec Mme de Montespan.

Sa nouvelle position la détermina enfin à rester à la cour. « Malgré l'envie que j'avais de me retirer, écrit-elle à l'abbé Gobelin, et malgré toute ma haine pour ce pays-ci, j'y suis attachée : c'est Dieu qui a conduit tout cela. » En effet, Mme de Maintenon croyait qu'elle avait reçu mission d'en haut pour travailler à une réforme dans la conduite du roi. « Quand je commençai, disait-elle dans ses *Entretiens*, à voir qu'il ne me serait peut-être pas impossible d'être utile au salut du roi, je commençai aussi à être convaincue que Dieu ne m'avait amenée à la cour que pour cela, et je bornai là toutes mes vues. »

Mme de Montespan, de son côté, commença à mieux comprendre ses devoirs, et la religion, dont elle n'avait déserté ni les sentiments ni les habitudes, vint à son secours. Elle se retira peu à peu de la cour pour vivre dans la retraite, uniquement occupée de son salut [1].

---

[1] « Peu à peu, dit Saint-Simon, elle vint à donner tout ce qu'elle avait aux pauvres. Elle travaillait pour eux, plusieurs heures par jour, à des ouvrages bas et grossiers, comme des chemises et d'autres choses semblables, et y faisait travailler ce qui l'environnait ; sa table, qu'elle avait aimée avec excès, devint la plus frugale ; ses jeûnes furent fort multipliés ; sa prière interrompait sa compagnie et le plus petit jeu auquel elle s'amusait ; et, à toutes les heures du jour, elle quittait tout pour aller prier Dieu dans son cabinet. Ses macérations étaient

Quant à Mme de Maintenon, la faveur dont elle jouissait, et qui lui attirait l'envie et les hommages, ne l'éblouissait pas. Sa grande supériorité consista toujours à n'en pas être un seul instant enivrée, ni à ses débuts, ni au plus haut degré de sa fortune. « Ne parlez de ma faveur ni en bien ni en mal, écrit-elle au comte d'Aubigné son frère, et du reste ne vous fâchez point. On est enragé contre moi, et, comme vous le dites, on se prend à tout pour me nuire; si on n'y réussit pas, nous nous en moquerons; si on y réussit, nous le souffrirons avec

continuelles; ses chemises et ses draps étaient de toile jaune, la plus dure et la plus grossière, mais cachés sous des draps et une chemise ordinaire. Elle portait sans cesse des bracelets, des jarretières, et une ceinture à pointes de fer, qui lui faisaient souvent des plaies; et sa langue, autrefois si à craindre, avait aussi sa pénitence. » Ce qui a pu lui mériter ces grâces, c'est que, dans les temps même de ses égarements, « elle n'avait jamais, dit le même écrivain, perdu de vue la religion; rien ne lui aurait fait rompre aucun jeûne ni un jour maigre; elle fit tous les carêmes, et avec austérité; quant aux jeûnes, lorsqu'elle était à la cour, elle y ajoutait des aumônes abondantes; jamais rien qui approchât du doute et de l'impiété; mais impérieuse, altière, dominante, moqueuse, et tout ce que la beauté et la toute-puissance qu'elle en tirait, entraîne après soi. » La France parut lui pardonner ses torts, pour avoir introduit à la cour le grand Bossuet, le duc de Montausier et Mme de Maintenon.

courage. Vous êtes déraisonnable de vouloir que
je demande au roi, dans un temps où il m'accable
de biens et d'honneurs. Je ne lui demanderai
jamais rien, et je ne songe plus qu'à le servir
en la personne de ma maîtresse (la Dauphine)
avec un zèle, une fidélité et une assiduité qui lui
marquent ma reconnaissance. »

Ce comte d'Aubigné, en effet, dont nous n'avons
pas parlé encore, demandait toujours. Dépensier,
joueur, toujours besogneux, ayant des ridicules
et des travers, mais avec de l'esprit et des réparties inattendues, il ne comprenait pas que l'estime royale dont jouissait sa sœur ne lui profitât
pas davantage. N'ayant jamais été que capitaine
d'infanterie et gouverneur de petites places, il
rappelait toujours ses vieilles guerres comme un
homme qui méritait tout, et faisait à sa sœur
des sorties épouvantables de ce qu'on ne le nom-
mait pas duc et pair ou maréchal de France. Un
homme de cette humeur, inconsidéré dans ses
propos, était un embarras pour elle bien plus
qu'un soutien et un ami. Elle n'en fut cependant

pas moins affectueuse et indulgente pour lui, cons-
tamment occupée de ses intérêts, venant de temps
en temps au secours de sa pénurie en lui procu-
rant quelques gratifications. « Songez, mon cher
frère, lui écrit-elle, au voyage d'Amérique, aux
malheurs de notre père, aux malheurs de notre
enfance, à céux de notre jeunesse, et vous bé-
nirez la Providence, au lieu de murmurer contre
la fortune. Il y a dix ans que nous étions bien
éloignés l'un et l'autre du point où nous sommes
aujourd'hui. Nos espérances étaient si peu de chose
que nous bornions nos vœux à trois mille livres
de rente ; nous en avons à présent quatre fois
plus, et nos vœux ne seraient pas remplis ! Nous
avons le nécessaire et le commode ; tout le reste
n'est que cupidité, et tous ces désirs de grandeur
partent d'un cœur inquiet. Toutes vos dettes sont
payées, vous pouvez vivre délicieusement sans
en faire de nouvelles ; que désirez-vous de plus ?
Je vous le répète, vous n'êtes malheureux que
par votre faute ; vos inquiétudes détruisent votre
santé, que vous devriez conserver, quand ce ne

serait que parce que je vous aime. Travaillez sur
votre humeur ; si vous pouvez la rendre moins
bilieuse et moins sombre, ce sera un grand point
de gagné ; écrivez-moi plus souvent et sur un
ton moins lugubre. » Ce comte d'Aubigné n'eut
qu'une fille, que Mme de Maintenon éleva comme la
sienne propre, auprès d'elle et à Saint - Cyr, et
qui épousa le comte d'Ayen, fils du maréchal
de Noailles. C'est de ce mariage que descend la
famille de Noailles, qui existe encore aujourd'hui.

Louis XIV touchait à l'âge où l'on fait un retour
sur le passé et sur soi-même ; passage difficile où
se décide en quelque sorte une seconde existence,
et plus aisé à franchir quand la religion nous tend
la main. C'est dans ce moment que le caractère
et la vertu de Mme de Maintenon lui rendirent
un véritable service. Elle se trouva heureusement
là pour remplir le vide d'un cœur et d'un esprit
qui avaient besoin d'être occupés. Elle offrit au
roi le charme de l'intimité et de la confiance ;
l'agrément de la conversation, de l'esprit, de la
raison : plaisirs dont on sent le prix lors de

l'apaisement des passions tumultueuses. Faisant
intervenir l'empire de la religion, elle se servit
des sentiments qu'elle inspirait, pour ramener le
monarque dans la voie édifiante du devoir con-
jugal, et obtenir qu'il reportât vers la reine des
soins qui n'étaient dus qu'à elle. C'était sans doute
fonder son crédit sur une base bien solide; mais
c'était aussi en faire un noble usage et le mettre
à l'abri de tout reproche.

Dès ce moment en effet le roi se rapprocha de la
reine, la vit plus souvent, et commença de passer
les soirées chez elle : il eut pour elle des attentions
auxquelles elle n'était pas accoutumée ; et comme
elle attribuait cet heureux changement à Mme de
Maintenon, elle l'aimait et lui donnait toutes les
marques de considération qu'elle pouvait imaginer.

« Le triomphe de Mme de Maintenon, dit M.
Rœderer dans l'*Histoire de la société polie*, ne fut
pas de s'élever au rang de femme légitime d'un
roi puissant ; ce fut d'avoir ramené ce prince à
ses devoirs envers la reine, et d'avoir mis fin à
la contagion de son exemple. Voilà le véritable

titre de Mme de Maintenon au respect général. Là
sa vertu éclate avec tous ses autres mérites. Là nul
soupçon d'intérêt personnel ne peut l'atteindre. »

Mme de Maintenon jouissait de son ouvrage , et
rien ne lui était plus sensible que les témoignages
de satisfaction et même de reconnaissance que la
reine lui donnait. A Chambord , le jour de la Saint-
François (fête de Mme de Maintenon), la reine lui
fit présent de son portrait, et, à cette occasion ,
Mme de Maintenon écrit à Mme de Saint-Géran :
« La famille royale vit dans une union tout à fait
édifiante; le roi s'entretient des heures entières avec
la reine ; *le don qu'elle m'a fait de son portrait
est tout ce qu'il y a de plus agréable pour moi depuis
que je suis à la cour.* »

Mme de Maintenon se partageait entre une sorte
de vie solitaire, qu'elle s'était créée au milieu
de la cour, les devoirs de sa charge auprès de
Mme la Dauphine, la société de la famille royale,
et les soins qu'elle donnait à un établissement
qu'elle venait de fonder à Ruel, et qui fut l'origine de celui de Saint-Cyr. Elle allait aussi, mais

pour de courts moments, à Maintenon, où elle faisait des charités et des fondations utiles, travaillait à quelque embellissement et recevait quelques amis. Pour la première fois, vers cette époque, on lit dans une lettre à son frère : « Je suis heureuse [1]. »

La reine cependant ne jouit pas longtemps du bonheur dont elle goûtait à peine les prémices; elle perdit la vie lorsque les sentiments du roi commençaient à la lui rendre douce. Au retour d'un voyage de la cour en Bourgogne et en Alsace, elle tomba malade et expira le troisième jour de sa maladie. Le roi donna à sa mort des regrets sincères, et dit, les larmes aux yeux, quand elle rendit le dernier soupir : « Voilà le premier chagrin qu'elle m'ait causé. »

La reine ayant expiré, Mme de Maintenon, qui n'avait pas cessé de rester auprès d'elle, revint auprès de Mme la Dauphine, qu'elle suivit à Fontainebleau peu de jours après, avec le roi et toute la cour.

[1] Lettre du 20 février 1682.

CHAPITRE VI

La mort de la reine était un grand événement
pour Mme de Maintenon. L'inclination du roi n'était
pas douteuse, et il devenait libre. De son côté, elle
ne pouvait rester insensible aux sentiments qu'il
lui témoignait, mais elle était vertueuse.

« C'est à l'époque où Louis XIV était à l'apogée de sa puissance, dit M. de Noailles, que ce prince, voulant mêler aux fatigues du gouvernement les douceurs innocentes d'une vie privée, résolut, par un choix libre et réfléchi, d'unir sa destinée à celle d'une personne qui avait toute sa confiance, et dont il connaissait depuis longtemps la modestie, la discrétion, la délicatesse et le désintéressement !... » Mme de Maintenon était douée d'un esprit droit et ferme, d'une humeur égale et patiente, d'une vertu qui lui rendait tout facile. Sa société était agréable et douce, sa parole était attrayante, son conseil toujours sage, son jugement sûr, son dévouement sincère ; elle attachait autant par les qualités du caractère que par les charmes de l'esprit. C'était en outre une admirable causeuse, et elle ne savait pas moins bien écouter, partie importante de l'art de causer ; elle ne s'interposait pas, mais elle était toujours là, toujours prête à dissiper les idées tristes, à remplir les moments de vide et d'ennui ; elle avait acquis enfin cette puissance légitime qui naît du bonheur qu'on donne chaque jour. Louis XIV ne pouvait plus se passer d'elle. Ne pouvant vivre seul, il se résolut donc, pour concilier à la fois son inclination, sa conscience, l'intérêt de sa famille et la douceur de sa vie, à épouser en secret une personne qui lui était devenue si nécessaire. Ce fut sans doute le plus beau triomphe de l'ascendant moral exercé par l'esprit et la vertu d'une femme sur un caractère superbe et fier tel que celui de Louis XIV.

« Ce triomphe de Mme de Maintenon, dit un écrivain moderne, fut celui de la société tout entière; et cette société d'élite, où il y avait émulation d'esprit, de raison et de bienséance, se sentit dignement récompensée de l'honnêteté de ses mœurs, et de la culture de ses facultés, par le prix qu'en recevait l'une d'elles. Cette société devait en effet croître en considération, et acquérir plus d'influence à la cour et à la ville par l'élévation de Mme de Maintenon. »

C'est ce qui ne manqua pas d'arriver. A compter de cette époque, s'ouvre en effet la seconde partie du règne; l'on vit la cour changer d'aspect, et le roi, redevenu vertueux, y rendre aux mœurs et à la religion un empire qui s'étendit sur le royaume entier.

Il est impossible de fixer la date précise du mariage de Mme de Maintenon et du roi, et cette incertitude montre avec quelle fidélité on en garda le secret. Il fit part de son projet à Louvois, qui, se jetant à ses pieds, le conjura d'y renoncer. Louis XIV, mécontent, lui ordonna de se retirer; on croit qu'il ne laissa pas ignorer cette circonstance à Mme de Maintenon, « qui non-seulement pardonna à ce ministre, mais apaisa le roi dans les mouvements de colère que l'humeur brusque de Louvois inspirait quelquefois à son maître. »

Le mariage fut célébré secrètement, dans un oratoire particulier de Versailles, par l'archevêque de Paris, en présence du P. Lachaise, confesseur du roi, qui dit la messe, de Bontemps, premier valet de chambre, qui la servit, de M. de Montchevreuil et du chevalier de Forbin, amis de Mme de Maintenon.

Il n'y eut probablement à cette occasion aucun acte écrit, car il ne s'agissait que d'un mariage de conscience, dont le secret, que le roi regardait comme une convenance due à sa couronne et à sa famille, devait être une condition expresse. Mme de Maintenon se conforma scrupuleusement à son intention.

L'évêque de Chartres, directeur de Mme de Maintenon, écrivit au roi en 1697, pour le féliciter du rétablissement de la paix. Après lui avoir adressé les plus saintes et les plus sages exhortations pour le bien des peuples, « Il paraît bien véritablement, Sire, ajoutait-il, que le Ciel a voulu vous donner une aide semblable à vous, au milieu de cette troupe d'hommes intéressés et trompeurs qui vous font la cour, en vous accordant une femme qui ressemble à la femme forte de l'Ecriture, occupée de la gloire et du salut de son époux, et dans toutes sortes de bonnes œuvres. »

Une autre lettre du même prélat, adressée à Mme de Maintenon, contient les passages suivants : « Aimez le roi d'une très-grande charité, lui dit-il; soyez-lui soumise, comme faisait Sara qui obéissait à Abraham.... Dieu a voulu que vous fussiez élevée, aimée, considérée, afin de sanctifier ceux par qui vous êtes à la place des reines, et vous n'aurez pas plus de liberté qu'une petite bourgeoise. Offrez-vous à tous, et à Dieu, et au roi pour l'amour de Dieu, qui vous a choisie pour sa consolation et pour lui obéir.... Le roi regarde encore trop la vertu et la perfection par ce qu'il y a d'austère et de rebutant à la nature. Quand il verra dans la personne qu'il aime et qu'il estime le plus, une joie et une liberté d'esprit continuelles dans une parfaite innocence et dans un amour ardent des bonnes œuvres, Dieu lui fera la grâce d'aspirer au même bonheur. La femme fidèle sanctifie l'homme infidèle ; que sera-ce de l'homme chrétien [1] ! »

Le roi ne révéla le secret de ce mariage que par des attentions, une déférence et une habitude de confiance publiques qui indiquaient assez ce qu'il y avait d'intime et de légitime dans son attachement. Il agissait en prince à qui les convenances

---

[1] La lettre dont ce passage est extrait, ainsi que la précédente, signées *Paul évêque de Chartres*, étaient conservées dans les archives de Saint-Cyr, et sont déposées à la bibliothèque impériale du Louvre (archives de Noailles).

ne permettaient pas de tout dire et à qui la conscience défendait de tout cacher.

Quant à Mme de Maintenon, elle sut concilier merveilleusement toutes les difficultés de sa situation, par une dignité de maintien, une simplicité naturelle, une modestie qui ne se laissait jamais forcer, un air d'aisance à la fois aimable et imposant, enfin par un tact et une mesure qu'elle puisait dans l'usage qu'elle avait du grand monde, aussi bien que dans la grâce et la délicatesse de son esprit.

« Son élévation, dit Voltaire [1], ne fut pour elle qu'une retraite. » N'ayant pas de rang public et avoué, il eût été difficile qu'elle vécût habituellement au milieu de l'étiquette de la cour de Versailles, où elle se fût trouvée au-dessous de ce qu'elle était, ou au-dessus de ce qu'elle paraissait être ; aussi vécut-elle retirée chez elle, ce qui d'ailleurs était conforme à ses goûts de tous les temps. Elle se borna à une société de dames peu nombreuse, se consacrant uniquement au roi, qui se délassait auprès d'elle des fatigues de la vie pu-

[1] *Siècle de Louis XIV.*

blique, dans les douceurs et le repos de la vie privée; elle pensait, en outre, qu'admise comme elle l'était dans les secrets du roi, elle lui devait cette sécurité de n'avoir aucune liaison ni aucune habitude au dehors. « La seule distinction publique qui faisait sentir son élévation secrète, c'est qu'à la messe elle occupait une de ces petites tribunes ou lanternes dorées qui ne semblaient faites que pour la reine; d'ailleurs nul extérieur de grandeur. »

Elle occupait, au haut du grand escalier de Versailles, un appartement de plain-pied avec celui de Louis XIV. Le roi ne l'appelait que *Madame*, et, par le respect qu'il lui témoignait, il en donnait l'exemple à tous. Le roi passait chez elle tout le temps qu'il ne donnait pas au public, à ses conseils ou à ses promenades; il y travaillait avec ses ministres, et elle y conservait un fauteuil en sa présence; elle se levait un instant quand Mgr le Dauphin, ou le duc d'Orléans, son frère, venaient lui rendre visite. Mais, en public, Mme de Maintenon ne prenait aucun rang; elle n'était plus qu'une personne de la cour. « Je l'ai vue à Fontai-

nebleau, dit Saint-Simon, en grand habit, chez la
reine d'Angleterre, cédant absolument sa place, et
se reculant partout pour les femmes titrées, pour les
femmes même d'une qualité distinguée....; polie,
affable, parlant comme une personne qui ne
prétend rien, qui ne montre rien, mais qui
imposait fort, à ne considérer que ce qui était autour d'elle. »

Mme de Maintenon garda soigneusement le silence sur sa haute position, dont elle ne parut
trahir le secret que dans une seule occasion : s'étant
présentée à la grille des Grandes-Carmélites, qu'il
n'appartenait qu'aux reines de France de franchir, la supérieure lui dit : « Madame, vous
savez nos usages ; c'est à vous à décider. —
Ouvrez, ma mère, répondit Mme de Maintenon ;
ouvrez toujours. » Elle n'usait cependant pas en
cela des droits de reine ; car un bref donné par
le pape Innocent XII, le 28 octobre 1692,
l'autorisait à entrer dans tous les monastères de
France.

Quant à Louis XIV, il se plaisait quelquefois

à laisser échapper son secret. Pierre Mignard avait peint Mme de Maintenon en sainte Françoise romaine ; il chargea Mme de Feuquières , sa fille , de demander au roi s'il pouvait mettre au portrait un manteau doublé d'hermine , ce qui était la marque d'une haute dignité : « Oui , répondit le roi , sainte Françoise le mérite bien. »

Par un retour naturel sur elle-même, les premières pensées de Mme de Maintenon, quand elle se vit à un si haut point d'élévation, se portèrent sur les demoiselles nobles et sans fortune. Elle en avait recueilli, en 1679, un certain nombre à Ruel , dans un asile modeste dont nous avons parlé. Le roi lui donna, en 1683, la maison de Noisy, dans le parc de Versailles ; et en 1685, voulant prendre part à une aussi belle œuvre, il fit construire, à Saint-Cyr, la maison de Saint–Louis, la dota de revenus considérables , et la fonda pour y élever deux cent cinquante filles nobles et pauvres. Ce bel établissement a subsisté jusqu'à la révolution. Mme de Maintenon reçut un brevet de foudatrice ; et elle fut déclarée, par le roi et par l'évêque de Chartres[1], supérieure perpétuelle de cette communauté, pour le temporel comme pour le spirituel; seulement elle obtint du roi de n'être pas nommée dans la médaille qui fut frappée pour consacrer le souvenir de cette fondation. Elle-même rédigea le règlement des Dames de Saint-Louis, qui a paru sous le nom et avec l'autorité de l'évêque de Chartres. Elle se réserva un appartement dans cette maison, et souvent elle venait s'y reposer des fatigues de la cour. Elle aimait à surveiller l'éducation des demoiselles; quelquefois même elle s'en occupait, et ne craignait pas de descendre dans les plus petits détails. « Rien ne m'est plus cher que mes enfants de Saint-Cyr, écrivait-elle; j'en aime tout, jusqu'à leur poussière. Je m'offre avec tous mes gens pour les servir, et je n'aurais nulle peine à être leur servante, pourvu que mes soins leur apprennent à s'en passer. »

Racine, à la prière de Mme de Maintenon, composa, pour Saint-Cyr, *Esther* et *Athalie*, deux

---

[1] Avant l'établissement de l'évêché de Versailles, cette ville ainsi que Saint-Cyr faisaient partie du diocèse de Chartres.

poëmes dramatiques , deux chefs-d'œuvre , le dernier surtout , qui n'a peut-être rien de comparable
dans aucune langue [1].

Après l'achèvement de Marly , le roi y allait
souvent dîner ou souper avec Mme de Maintenon et
quelques dames. Il y passa d'abord de temps en
temps un ou deux jours de la semaine , puis trois
ou quatre , et à la fin des semaines entières. Dans
le commencement , il y conduisait peu de monde ;
puis davantage ; c'était une faveur que d'y aller, et
il voulait qu'on la lui demandât. A Marly , on vivait comme à Versailles , mais avec moins d'étiquette. On dînait avec le roi , à plusieurs tables qui
étaient dans la même pièce. Il en tenait une ayant
Mme de Maintenon en face de lui ; Monseigneur
une autre. Le soir, on jouait, ou bien il y avait
musique , divertissements , etc. A Marly, comme à
Fontainebleau, à Choisy , et dans toutes les rési-
dences royales, le roi passait toujours une partie
de la soirée chez Mme de Maintenon.

[1] Voir, sur ces deux pièces et sur leur représentation, notre
Histoire de Jean Racine. Lille. in-12. 1861.

Trianon, achevé en 1688, offrait aussi un moyen
de varier les journées. On lit dans Dangeau, 22 janvier 1688 : « Le roi alla, pour la première fois,
dîner à sa maison de Trianon. Il y avait dans son
carrosse Monseigneur, Mme de Maintenon, Mme de
Noailles, la comtesse de Guiche, Mme de Montchevreuil, Mme de Saint-Géran et Mme de Mailly. » Le
roi y donnait de fréquentes collations aux seigneurs
de la cour et aux dames.

Telle était la vie brillante, animée, variée même
dans sa régularité et son étiquette, que l'on continuait de mener à la cour, laquelle ne se composait
d'autre chose que de l'élite de la société du temps,
se retrouvant là sans cesse comme dans son centre,
et jouissant d'elle-même autour du monarque. L'influence de Mme de Maintenon, qu'on s'imagine avoir
tout étouffée sous une dévotion triste et sévère, ne
porta point atteinte à ces divertissements, et elle
contribua même personnellement à l'éclat de cette
époque, en rendant à la cour les nobles plaisirs de
l'esprit, qu'on y avait goûtés autrefois, par les
belles représentations d'*Esther* et d'*Athalie* qu'elle

fit donner à Saint-Cyr (1689 et 1691). En tout
ce qu'on pourrait appeler le petit comité, c'est-à-
dire dans les promenades, dans les dîners et les
soupers particuliers, elle était toujours présente;
quant aux fêtes et aux grandes réceptions de ce
qu'on appelait *l'appartement*, elle s'y montrait de
loin en loin; mais quand elle y paraissait, elle y
tenait fort bien sa place. Sa journée était réglée
sur celle du roi. On lit dans les *Mémoires de
Melle d'Aumale* : « Elle se levait ordinairement
entre six et sept heures, et allait aussitôt à la
messe, où elle communiait trois ou quatre fois la
semaine. Pendant qu'elle s'habillait, elle se faisait
lire quelque passage du Nouveau-Testament ou
de l'Imitation, et disait : « Je profite du peu de
temps que j'ai pour ces lectures, car on ne m'en
laisse guère d'autre. » Le reste de la journée était
occupé selon ses affaires, ou selon ce que faisait
le roi, qu'elle accompagnait souvent. Quand elle
était libre, elle passait le plus possible ses matinées
à Saint-Cyr; le roi venait régulièrement chez elle
tous les jours vers cinq ou six heures, quelquefois

plus tôt, quelquefois plus tard, selon que sa pro-
menade ou ses conseils finissaient.

« Quand on était à Versailles, le roi ne venait
pas habituellement le matin chez elle, afin de ne
pas interrompre sa journée, et qu'elle pût aller à
Saint-Cyr les jours qu'elle voulait. Mais à Marly et
à Trianon, où il n'y avait pas de conseils, le roi
venait chez elle après sa messe jusqu'à son dîner,
et se promenait souvent avec elle. A Fontainebleau,
il y venait aussi presque tous les matins après sa
messe, avant de se mettre au conseil, et il y revenait souvent après le dîner [1]. »

[1] *Mémoires manuscrits de Melle d'Aumale.* — M. le duc
de Noailles, *Histoire de Mme de Maintenon*, t. I. p. 165
et 166.

CHAPITRE VII

Composition de la maison de Mme de Maintenon. — Réflexions sur son caractère moral. — Sa modestie. — Lettre au cardinal de Noailles. — Son désintéressement, — à l'égard d'elle-même et à l'égard de ses parents. — Sa charité envers les pauvres. — Ses fondations pieuses. — Elle est faussement accusée d'égoïsme et de sécheresse. — Espèce d'esclavage dans lequel elle était auprès du roi. — Souffrances qu'elle éprouve. — Ses plaintes à ce sujet. — Mort de son frère. — Lettre à Mme de la Maisonfort. — Extrait du *Quatrième Entretien de Mme de Maintenon à Saint-Cyr*.

Mme de Maintenon avait sa maison à part, et mangeait d'ordinaire dans son appartement ; ses gens étaient peu nombreux, respectueux et modestes ; elle garda toujours à son service Nanon, une ancienne servante du temps de sa misère. Sa société, autant qu'elle pouvait en avoir, composée de quelques dames de la cour, était restreinte et choisie ; elle recevait peu de visites et n'en rendait presque aucune. Dans les voyages, quand elle n'était pas dans la voiture du roi, elle partait avec quelqu'une de ses amies, comme Mme d'Hendicourt, Mme de Montchevreuil, Mme de Dangeau, et s'arrangeait pour que le roi la trouvât tout établie quand il passait chez elle. « Un carrosse du roi la menait, toujours affecté pour elle, dit Saint-Simon, même pour aller de Versailles à Saint-Cyr, et Desepinays, écuyer de la petite écurie, la mettait dans le carrosse et la suivait à cheval : c'était sa tâche de tous les jours. »

A Versailles et à Fontainebleau, elle avait une maison de ville où elle se retirait quelquefois dans la journée pour être plus tranquille.

Sa maison, selon Melle d'Aumale, était ainsi composée : « Un écuyer, trois valets de chambre (elle n'en avait qu'un lorsque Mme la duchesse de Bourgogne vint en France, mais comme elle était souvent chez elle, elle en prit deux de plus, pour le service de cette princesse), un maître d'hôtel, un officier et un aide d'office, un cuisinier et un aide de cuisine, un cocher, un postillon et un palefrenier, trois laquais et deux porteurs de chaise, trois femmes de chambre, un portier, une servante, un marmiton. Elle n'était jamais suivie en carrosse que par un laquais et un homme à cheval ; cette suite était plus simple que celle des grandes dames du temps. A Versailles, à Marly, et dans toutes les maisons du roi, elle était meublée par lui ; elle avait seulement à sa maison de la ville des meubles à elle, mais qui n'étaient que pour ses domestiques. Sa maison de la ville, à Fontainebleau, était de même ; elle avait à Maintenon quatre ou cinq appartements meublés assez proprement pour quand la cour y allait. Elle y avait tout laissé, mais il n'y avait aucune belle tapisserie : les meubles étaient de damas.

» Elle avait de vaisselle d'argent environ pour quinze mille livres.... Le roi lui donnait tous les trois mois douze mille livres, ce qui faisait quarante-huit mille livres par an, et en outre douze mille livres pour ses étrennes. Elle jouissait encore de deux anciennes pensions (celle de gouvernante des enfants, et celle de dame d'atours de la Dau-

phine) qui s'élevaient à quinze mille livres, ce qui,
réuni à la terre de Maintenon, dont elle abandonna
la plus grande partie à sa nièce en la mariant,
formait un revenu total de quatre-vingt-dix mille
livres environ, dont elle donnait la plus grande
partie aux pauvres. »

« Ces détails ont leur intérêt, ajoute M. de Noailles
après avoir cité ce passage, mais ce qui n'en a pas
moins, c'est l'étude du côté moral et du caractère
chez une personne qui a eu cette rare destinée de
s'être élevée par sa vertu, et d'être restée, dans
son élévation, modeste, désintéressée, charitable,
fidèle à la piété par laquelle, chose étrange! elle
avait été guidée, pour ainsi dire, dans le chemin
de la fortune; elle peut plaire plus ou moins,
selon l'idée qu'on se fait d'elle, mais on ne peut
s'empêcher d'estimer son caractère et d'admirer ses
grandes qualités. »

« Je suis très-malcontente, monseigneur, écrivait-elle au cardinal de Noailles, de la manière
dont vous m'avez reçue à l'archevêché, et je vous
dirai, avec la confiance que j'ai en vous, que les

cérémonies qu'on me fait partout ont contribué à
me séquestrer du monde autant que je le fais. Je
voudrais bien, monseigneur, vous distinguer en
cela comme en tout, et il est très-convenable que
je sois et que je paraisse unie avec vous; mais
comptez, monseigneur, que vous ne me verrez
plus que chez moi; vous ne me traitez point fami-
lièrement : sur quel pied pouvez-vous me faire des
cérémonies, comme de venir me recevoir au bas
des degrés, et de m'accompagner à mon carrosse
avec tout ce qui est chez vous? Voulez-vous trahir
mon secret? est-ce que vous êtes aussi adorateur de
la faveur? C'est bien sérieusement que je vous
parle, monseigneur : vous me blessez le cœur, et
vous m'ôterez la joie de vous voir si vous continuez [1]. »

Son désintéressement égalait sa modestie. Le
roi, de lui-même, lui disait quelquefois : « Mais,
Madame, vous n'avez rien ; voyez ce que je pourrais
faire pour vous, car si je mourais, il ne vous
resterait rien. » « Un jour, en allant à Saint-Cyr,

[1] Lettre du 28 juillet 1698.

ajoute Melle d'Aumale, elle me dit en chemin :
« Vous allez bien me gronder, mademoiselle ; il
ne tenait qu'à moi, hier, d'avoir cent mille livres
de rente, car le roi m'a bien parlé sur mon état,
et c'est la première fois de sa vie qu'il l'a fait d'une
manière si intéressante. — Eh bien, lui ai-je dit,
Madame, qu'avez-vous fait ? — Rien, répondit-
elle ; j'ai dit au roi de demeurer en paix. Si je
l'eusse poussé là-dessus, il est sûr qu'il se serait
donné de la peine et de l'inquiétude pour chercher
à me faire du bien, et je ne suis pas auprès de lui
pour cela. » Et en effet, il a fallu, après la mort
du roi, qu'on lui laissât, du garde-meuble de
Versailles, ce qu'on lui avait prêté de tapisse-
ries, parce qu'elle n'en avait pas [1]. »

Ce désintéressement, elle l'eut non-seulement
pour elle, mais pour ses parents, qui le lui repro-
chaient quelquefois. « Elle ne profita point de sa
place, dit Voltaire, pour faire tomber toutes les
grandes dignités et les grands emplois dans sa
famille. Son frère, le comte d'Aubigné, ancien

---

[1] *Mémoires de Melle d'Aumale.*

lieutenant général, ne fut point maréchal de France ; un cordon bleu et quelques parts dans les fermes générales furent sa seule fortune. Le marquis de Villette, son cousin, ne fut que chef d'escadre. Mme de Caylus, fille du marquis de Villette, n'eut en mariage qu'une pension modique, donnée par Louis XIV. Mme de Maintenon, en mariant sa nièce au fils du premier maréchal de Noailles, ne lui donna que deux cent mille livres [1]. Le roi fit le reste. Elle voulait que le public pardonnât son élévation en faveur de son désintéressement. La seconde femme du marquis de Villette, depuis Mme de Bolingbrocke, ne put jamais rien obtenir d'elle. Je lui ai entendu dire qu'elle avait reproché à sa cousine le peu qu'elle faisait pour sa famille, et qu'elle lui avait dit en colère :

---

[1] Elle ne donna rien à sa nièce au moment de son mariage, et le roi parut seul au contrat ; mais elle lui avait abandonné par donation, deux ans auparavant, la terre de Progneul, qui faisait la plus grande partie de la terre de Maintenon. — (Note de M. le duc de Noailles, auteur de l'*Histoire de Mme de Maintenon*, et aujourd'hui propriétaire de la terre de Maintenon, restée dans sa famille depuis le mariage de la nièce de Mme de Maintenon avec un de ses aïeux.)

« Vous voulez jouir de votre modération et que votre famille en soit victime ! » Ce n'est pas qu'elle abandonnât ses parents ; elle les soutint au contraire, de même que ses anciens amis, soit par des charges qu'elle leur obtint à la cour, soit par des secours et des pensions qu'elle leur procura ; mais elle voulait que ce fût dans une certaine mesure, selon leur condition et leur mérite, cherchant à concilier ce qu'elle devait à la parenté, avec la modestie dont elle ne voulait sortir ni pour elle ni pour les siens. On lui reprochait cependant de ne pas faire assez pour sa famille. « Vous êtes bien injuste, madame, écrivait-elle à la princesse des Ursins, de prendre le parti de mes nièces contre moi ; ce n'est pas ma faute si elles ne font pas aussi bonne figure que j'aurais voulu, et j'ose dire que je suis sortie pour elles de la modération que je tâche de garder pour moi-même. » Dans d'autres lettres, elle lui écrivait encore : « Vous m'allez bien gronder, madame, de ne pas faire Mme de Caylus dame d'atours de Mme la duchesse de Berry ; je ne sais si j'aurais obtenu cette grâce ; mais je ne l'ai point

demandée , quoique j'estime et aime plus que jamais
cette personne que vous honorez quelquefois de la
qualité de votre amie. » Et quelque temps après :
« Si je ne vous ai pas mandé pourquoi je n'ai pas
proposé Mme de Caylus pour Mme la duchesse de
Berry , ce n'est pas manque de confiance ; mais je
suis persuadée que vous auriez désapprouvé mes
raisons. Je vous remets , madame , à la vallée de
Josaphat , pour voir si je suis mauvaise parente.
Je puis me tromper , mais je crois devoir faire ce
que je fais , et que Dieu ne m'a point mise où je
suis pour persécuter incessamment celui à qui je
voudrais procurer un repos qu'il n'a pas. » —
« Non , madame , insiste-t-elle encore , ce ne sera
qu'à la vallée de Josaphat qu'on saura mes raisons
sur mes proches. Ne me condamnez point en atten-
dant , je vous en conjure [1] ! »

Les pauvres et les malheureux n'avaient pas à
lui faire les mêmes reproches , car sa charité était
inépuisable. « Ses aumônes , dit Melle d'Aumale ,

---

[1] Extrait des lettres à Mme la princesse des Ursins, des 12
janvier, 15 juin, 10 août 1700 et 27 février 1707.

absorbaient la plus grande partie de son revenu
et allaient chaque année de cinquante-quatre à
soixante mille livres. Dans l'année 1694, où la
cherté des grains causa une sorte de disette, n'ayant
plus rien à donner, elle vendit une très-belle bague
et un attelage de chevaux, pour les pauvres, qu'elle
allait souvent visiter elle-même en leur portant ce
qui leur était nécessaire. » Outre le bien qu'elle
faisait à Maintenon, elle en faisait de toutes sortes
et partout. Elle soutenait des religieuses, elle ma-
riait des filles pauvres, elle secourait des personnes
bien nées qui étaient dans la misère, et allait aussi
soulager les infortunes cachées dans ces obscurs
réduits où la charité s'ensevelit avec elles; elle disait
elle-même : « Je n'ai ordinairement plus rien au
bout du quartier. »

Melle d'Aumale donne un aperçu du nombre de
couvents, de communautés, de séminaires, de pa-
roisses qu'elle soutint, d'écoles et d'hospices qu'elle
fonda, de familles et de misères particulières qu'elle
secourut. Quand elle refusa la charge de dame
d'honneur de Mme la Dauphine, à la mort de Mme de

Richelieu, elle se garda de refuser de lui succéder dans celle de présidente de l'assemblée de charité de Versailles, composée d'un certain nombre de dames qui se réunissaient tous les mois chez elle ; et, quoique souvent malade, elle n'y manquait jamais et ne voulait pas qu'on la tînt ailleurs : « Mes pauvres y perdraient, disait-elle, car bien des dames y viennent pour que je les nomme au roi. » Elle se reprochait les dépenses qu'elle faisait pour elle, et attendait à l'extrémité pour se donner un habit, disant : « J'ôte cela aux pauvres. »

« Ma place a bien des côtés fâcheux, disait-elle à Saint-Cyr, mais elle me procure le plaisir de donner. Cependant, comme elle empêche que je manque de rien, et que je ne puis jamais prendre sur mon nécessaire, toutes mes aumônes sont une espèce de luxe, bon et permis à la vérité, mais sans mérite ; et voilà, ma chère fille, les inconvénients de cette place [1]. »

Elle puisait cet esprit de charité à sa véritable source, dans l'esprit chrétien ; parvenue à une

[1] *Entretiens de Saint-Cyr.*

position environnée de mondanités, non-seulement elle y conserva les sentiments pieux qu'elle avait toujours eus, mais elle y porta, ainsi que l'attestent les lettres de l'abbé Gobelin, de l'évêque de Chartres, de Bourdaloue et de Fénelon, toutes les pratiques d'une âme engagée dans les voies les plus élevées de la vertu et de la piété. Le salut du roi, l'intérêt de la religion, les bonnes œuvres, les pieux conseils et les sages directions qu'elle donnait autour d'elle, surtout depuis la fondation de Saint-Cyr, inspiraient toutes ses actions.

On lui a fait injustement, sur quelques faits mal connus et quelques paroles mal interprétées, la réputation d'une âme sèche et égoïste. Sa conduite et ses lettres présentent d'autres faits et d'autres paroles qui ne laissent pas de doute sur ses véritables sentiments. Elle était sincèrement et tendrement attachée à Louis XIV, et elle porta, dans l'espèce d'esclavage où elle vécut auprès de lui pendant tant d'années, ce dévouement des femmes qui savent si bien vivre pour ceux auxquels elles se consacrent.

Sa vie, en effet, auprès du roi, fut une vie tout entière d'abnégation. « Je ne suis point à moi, écrivait-elle à Mme de Brinon ; tous mes amis doivent me regarder comme morte pour eux. Je ne puis garder ni mesures ni bienséances ; mais c'est le temps qui me manque, et non le sentiment... » Elle jouissait rarement du repos qu'elle aimait. Le roi, surtout à Fontainebleau et à Marly, était sans cesse dans sa chambre ; les princes, les princesses, les ministres, une foule de gens qui voulaient absolulument lui parler de leurs intérêts, l'y venaient assiéger tour à tour. Les soucis du gouvernement, l'inquiétude de la guerre, les difficultés journalières, les contrariétés du roi, les sollicitations des courtisans, et quelquefois les démêlés intérieurs de la famille royale, tout venait en quelque sorte aboutir à elle par la confiance du roi, et lui causer toutes sortes d'agitations, d'insomnies et d'inquiétudes par la part qu'elle y prenait. C'est ainsi qu'on la voit surtout dans les vingt dernières années du règne de Louis XIV, quand le temps et l'habitude l'eurent en quelque sorte rendue le

centre de toutes choses. Ce genre de vie était entièrement opposé à ses goûts. Elle écrivait au cardinal de Noailles (9 septembre 1698) : « Je conviens, monseigneur, que je suis insensible aux
honneurs qui m'environnent, et que je n'y vois
qu'assujettissement et contrainte ; sur ce point là,
l'amour-propre est bien mort ; mais, monseigneur,
celui qui fait aimer le repos, la liberté, est encore
bien vivant. »

Elle a bien peint l'état de son âme dans une
lettre adressée à Mme de la Maisonfort, et qui suffirait seule, a dit un grand écrivain, pour désabuser les ambitieux : « Que ne puis-je vous faire
voir l'ennui qui dévore les grands !... Ne voyez-
vous pas que je meurs de tristesse dans une fortune qu'on aurait eu peine à imaginer, et qu'il n'y
a que le secours de Dieu qui m'empêche d'y succomber ? J'ai été jeune et jolie ; j'ai goûté des
plaisirs ; j'ai été aimée partout dans un âge un
peu plus avancé ; j'ai passé des années dans le
commerce de l'esprit ; je suis venue à la faveur,
et je vous proteste que tous les états laissent un

vide affreux , une inquiétude , une lassitude, une envie de connaître autre chose , parce qu'en tout cela rien ne satisfait entièrement. »

Nous ne saurions mieux terminer ce chapitre que par un extrait d'un de ces entretiens remarquables qu'elle avait à Saint-Cyr avec des personnes intimes, lorsqu'elle venait y passer quelques jours de retraite. On y verra en peu de mots le résumé de sa vie et son âme se dévoiler en entier.

« Je vais vous dire , ma chère fille, ce que j'écrivais tout à l'heure à une femme de la cour : « Vous » serez la plus malheureuse personne du monde , » si vous ne vous jetez tout entière du côté de » Dieu. » En effet, cette vie est remplie de misère ; tout ce qu'on y voit n'est que tristesse et ennui. J'en excepte pourtant la retraite ; car en vérité on y est heureux. En quittant le monde , on quitte une maison qui tombe en ruines et qui accable de ses débris ceux qui y logent. Ne croyez pas qu'on puisse être vertueux sans souffrir. Il faut compter sur des peines et des privations de toute espèce. En quelque état qu'on soit, qu'on est à plaindre de ne pas souffrir ! mais il faut profiter des souffrances pour aller à Dieu. Il est si bon, qu'il s'accommode de tout, et de ceux mêmes qui sont conduits à lui par les malheurs les plus mérités...

» J'aime fort le vœu de ce solitaire qui souhaitait de n'être pas une heure sans souffrir. Rien n'exerce plus l'âme : rien ne lui donne plus d'aptitude à goûter ces plaisirs qui l'attendent dans un autre monde. Les saintes maximes de notre religion, les bons exemples nous encouragent, nous autres faibles, à supporter notre croix. J'ai été longtemps sans comprendre cette nécessité de la souffrance pour faire son salut. Ce n'est pas que j'ignorasse sur quel fondement on l'appuyait. J'en entendais souvent parler, et j'en étais fort inquiète, parce qu'un retour sur moi-même m'avertissait que je ne souffrais rien. Tout le temps de ma jeunesse a été fort agréable : je n'avais nulle ambition, ni aucune de ces passions qui auraient pu troubler le penchant que j'avais à ce fantôme de bonheur. Car quoique j'aie éprouvé de la pauvreté et passé par des états bien différents de celui où vous me voyez, j'étais contente et heureuse ; je ne connaissais ni le chagrin ni l'ennui ; j'étais libre...

— Je crois, madame, lui dit ici son interlocutrice, que vous aviez déjà de la piété dès ce temps-là ?

— Hélas ! guère, par malheur, reprit-elle. J'avais un grand fonds de religion qui m'empêchait de faire aucun mal, qui me faisait haïr tout ce qui pouvait m'attirer le mépris. Du reste je ne pensais guère à Dieu. Et en réfléchissant sur ma vie, je remarque que les pas que j'ai faits vers la piété ont toujours été à mesure que ma fortune est devenue meilleure ; tous les degrés de prospérité et de faveur ont été suivis de quelques progrès dans cette vertu. On y est communément porté par les malheurs et les disgrâces ; j'y ai été portée par les avantages de la fortune. Plus ils se sont augmentés et affermis, plus je me suis donnée à Dieu ; et j'ai toujours reconnu, ce me semble, que tout ce qui m'est arrivé était son ouvrage, ne l'ayant point recherché, m'y étant tout au plus prêtée. On ne pourra jamais le croire ; cependant rien n'est si vrai. Mais comme le Ciel est admirable en tout ce qu'il fait, il a trouvé le secret, au milieu de toute cette pompe, et, pour ainsi dire, de cette incompréhensible élévation, de me laisser une sensibilité qui me fait entrer dans les peines des autres comme si c'étaient mes peines, et qui me fait une affliction de toutes les afflictions générales et particulières. Cela, joint à une infinité d'autres désagréments, me rend ma place insupportable. Sensibilité, ajouta-t-elle en riant, qu'il me laisse comme par malice. »

Puis, reprenant un air sérieux, elle dit : « Cependant ces peines mêmes sont de nouvelles grâces de Dieu, dont je ne puis trop le remercier, quoiqu'elles me fassent trembler. Car enfin ce n'est pas sa coutume de nous sauver par les richesses et par les honneurs, mais par la privation des choses nécessaires, par l'écrasement de l'amour-propre, et par les mépris, par les douleurs, par les calomnies. Je n'éprouve presque rien de tout cela. Quand je repasse ma vie, je trouve qu'il en a toujours été de même. Car premièrement, dans mes tendres années, j'étais ce qu'on appelle une bonne enfant, tout le monde m'aimait; il n'y avait pas jusqu'aux domestiques de ma tante qui ne fussent charmés de moi. Plus grande, je fus mise dans des couvents; vous savez combien j'y étais chérie de mes maîtresses et de mes compagnes, toujours par la même raison, parce que je ne songeais du matin au soir qu'à les servir et à les obliger. Lorsque je fus avec ce *pauvre estropié* (c'était ordinairement ainsi qu'elle désignait Scarron), je me trouvai dans le beau monde, où je fus recherchée et estimée. Les femmes m'aimaient, parce que j'étais douce dans la société, et que je m'occupais beaucoup plus des autres que de moi-même. Les hommes me suivaient, parce que j'avais de la beauté et les grâces de la jeunesse. J'ai vu de tout, mais toujours de façon à me faire une réputation sans reproche.... Je ne voulais point être aimée en particulier de qui que ce fût; je voulais l'être de tout le monde, faire prononcer mon nom avec admiration et avec respect, jouer un beau personnage, et surtout être

approuvée par les gens de bien : c'était mon idole.
J'en suis peut-être punie présentement par l'excès
de ma faveur, comme si Dieu m'eût dit dans sa
colère : « Tu veux de la gloire et des louanges ;
eh bien, tu en auras jusqu'à en être rassasiée. »

» Quand je commençai à n'être plus si jeune,
ces grands empressements que le monde avait pour
moi diminuèrent un peu ; mais en même temps
commença ma faveur ; il n'y eut point d'intervalle.
A peine le monde fit-il un vide autour de moi
que la cour le remplit. Je commençai à faire
figure, et une conduite toujours au-dessus du soupçon me conserva l'estime publique. Il n'est rien
que je n'eusse été capable de tenter et de souffrir
pour acquérir le nom de femme forte. Je me con-
trariais dans tous mes goûts ; mais cela me coûtait
peu quand j'envisageais ces louanges et cette réputation qui devaient être le fruit de ma contrainte :
c'était ma folie. Je ne me souciais point des
richesses ; j'étais élevée de cent piques au-dessus
de l'intérêt ; je voulais de l'honneur. Oh ! dites-
moi, ma fille, y a-t-il rien de plus opposé à

la vraie vertu que cet orgueil dans lequel j'ai usé ma jeunesse? C'est le péché de Lucifer, et le plus sévèrement puni par ce Dieu jaloux qui se plaît à résister aux superbes. Enfin, pour achever ce que j'ai commencé, cette faveur, si singulière en tout, a toujours été en croissant, et la confiance qu'on a eue en moi a pris tous les jours de nouvelles racines. Les bonnes œuvres se sont présentées, je les ai saisies. J'ai contribué à l'établissement de Saint-Cyr, où je suis, comme partout ailleurs, respectée, chérie, écoutée. Voyez quelle chaîne de bonheur, et si, à en juger par les apparences, Mme la duchesse de Chaulnes n'avait pas raison de dire : *Jour de Dieu! l'heureuse femme.*

— Mais, madame, observa son interlocutrice, au milieu de tout cela, vous avez eu tant de choses à souffrir!

— Beaucoup, dit-elle; mais je ne laisse pas de craindre toujours de n'avoir pas assez souffert. Je vois cependant avec reconnaissance que Dieu m'a soutenue d'une manière surprenante dans toutes les périodes de ma vie. Sans son secours

spécial , je n'aurais pu supporter ma prospérité :
j'avais bien porté mon adversité : adversité !... »
répéta-t-elle en riant. Puis elle ajouta en se reti-
rant : « Sauvons-nous , ma fille , sauvons-nous :
il n'y a que cela de bon [1]. »

[1] *Entretiens de Mme de Maintenon à Saint-Cyr.* IV° Entretien.

CHAPITRE VIII

Sensibilité de Mme de Maintenon. — Causes de son élévation mal connues. — Rectification de jugements erronés à ce sujet. — Explications données par Mme de Maintenon elle-même. — Nature de son influence sur les affaires. — Opinion erronée de Saint-Simon sur cette influence. — Réfutation de cette opinion par la correspondance même de Mme de Maintenon. — Elle est admise dans les secrets de l'Etat. — Conseil des ministres tenu en sa présence. — Le roi la consulte quelquefois. — Sur quelles affaires s'exerce son action directe. — Conseils que lui donne Fénelon à ce sujet. — Cause des faux jugements portés sur Mme de Maintenon. — Comment elle doit être étudiée. — Mme de Maintenon est à tort accusée d'avoir provoqué la révocation de l'édit de Nantes. — Sa conduite dans cette affaire et envers les protestants. — Jugement de Voltaire à cet égard. — Elle est aussi accusée à tort d'avoir abandonné ses amis. — Ses contrariétés à mesure que le roi vieillissait. — Maladie et mort du roi. — A son lit de mort, il fait de touchants adieux à Mme de Maintenon et la recommandé au duc d'Orléans. — Après la mort du roi, Mme de Maintenon se retire à Saint-Cyr, où elle vit dans une retraite absolue jusqu'à sa mort, arrivée en 1719.

La sensibilité de Mme de Maintenon, dont elle parle dans l'entretien que nous venons de citer, était très-vive. Elle s'affectait profondément de toutes choses, des malheurs publics, des mauvais succès, de l'embarras des affaires, et principalement des peines et des contrariétés du roi, dont la satisfaction et le repos passaient pour elle avant tout. « C'est bien de l'honneur, madame, écrivait-elle à Mme des Ursins, que d'approcher des grands, surtout pour ceux qui en étaient naturellement éloignés ; mais, en vérité, cet honneur s'achète bien cher quand on y met son cœur et qu'on partage par conséquent tout ce qui leur arrive. »

Bien des personnes se représentent Mme de Maintenon sous un autre jour, d'après l'idée qu'elles se font, soit de l'ambition patiente par laquelle elle se serait élevée à ce comble de fortune, soit de l'espèce de domination qu'elle exerça sur le plus fier des monarques ; mais en examinant les choses de près on voit que les circonstances ont beaucoup plus fait pour elle qu'elle-même. Elle n'a eu pour ainsi dire qu'à marcher devant elle, dans son caractère, dans sa sagesse, dans sa distinction naturelle, dans son amour de la bonne réputation et de la considération publique,

et les événements se sont arrangés d'eux-mêmes
par un concours extraordinaire. Nous avons vu
comment elle s'en expliquait dans l'entretien que
nous avons cité à la fin du chapitre précédent ;
dans un autre entretien de ce genre, elle est encore
plus explicite : « J'ai fait une étonnante fortune,
dit-elle, mais ce n'est pas mon ouvrage. Je suis
où vous me voyez, sans y avoir tendu, sans l'avoir
désiré, sans l'avoir espéré, sans l'avoir prévu. Je
ne le dis qu'à vous, car le monde ne le croirait
pas. Je sus ce qu'il en pensait dès le commenement
de mon élévation. Un jour le maréchal de Créqui
prit à part l'abbé Testu, et lui dit : « Or ça, mon-
» sieur, parlons de cette fortune-là ! il faut que
» cette femme ait bien de l'esprit pour avoir ima-
» giné au coin de son feu un projet si brillant et si
» bien conduit. » L'abbé Testu m'avait connue dans
tous les temps, et savait que j'étais fort éloignée de
former le projet, je ne dis pas d'être où je suis,
mais un simple projet de fortune. Il savait que
je suis et incapable d'intrigues et très-bornée dans
mes vues. Il voulait donc lui persuader que ce

n'était pas moi qui avais conduit ma fortune ; que
si je m'en étais mêlée , elle n'aurait pas marché
si bien ; que je n'avais fait que m'abandonner aux
événements et à la Providence. Il lui en détaillait
les preuves en lui en montrant les progrès. Mais
le maréchal prenait pour une profonde habileté
ce que l'abbé lui montrait être une imprudence si
j'avais eu un projet. Il admirait ma magnanimité,
la profondeur de mes desseins , l'adresse avec
laquelle j'avais abusé tous mes amis. Oh ! non
assurément, je ne me suis pas mise où je suis ;
je ne l'aurais pu ni voulu. Mais voilà comme les
hommes jugent [1] ! »

Il en est de même de l'influence qu'elle eut sur
les affaires ; cette influence fut beaucoup moindre
qu'on ne l'a dit. La prétention de gouverner le roi
et l'Etat ne s'accordait ni avec la nature de son
caractère ni avec les goûts de son esprit.

L'opinion contraire est venue surtout du duc
de Saint-Simon , copié depuis par tous ceux qui
ont écrit sur cette époque. Obéissant à sa haine

[1] *Dixième Entretien à Saint-Cyr.*

passionnée, il la dépeint comme une ambitieuse insatiable et dissimulée, voulant tout envahir.

A cette accusation on peut opposer les lettres de Mme de Maintenon, qui embrassent tout le cours de sa vie, et où il n'est pas possible que son véritable caractère ne se dévoile pas ; elles répondent à ces attaques, et donnent l'idée d'une personne tout opposée à celle que Saint-Simon nous décrit. Sa correspondance avec la princesse des Ursins, en particulier, est remarquable sous ce rapport. Cette correspondance, au moyen de laquelle on a cru longtemps que ces deux femmes ambitieuses étaient convenues de s'entendre pour gouverner à leur fantaisie les deux royaumes, est aujourd'hui dans les mains de tout le monde. On peut y voir, au contraire, le peu d'empressement que mettait Mme de Maintenon à se mêler du gouvernement, son application à se tenir en arrière, la crainte d'avoir un avis, ses refus souvent répétés de faire les commissions dont la chargeait Mme des Ursins, redoutant, pour ainsi dire, d'apprendre la vérité, de peur d'être obligée de la dire au roi. « Je n'oserais montrer votre lettre, écrivait-elle à cette princesse le 25 novembre 1709 ; on n'aime pas ici que les dames parlent d'affaires, et si je ne puis vous servir autant que je le voudrais , il faut au moins se borner à ne pas vous rendre de mauvais offices ? » — « De quelque façon que les choses tournent, lui écrit-elle une autre fois, je vous conjure, madame, de me regarder comme une personne incapable d'affaires, qui en a entendu parler trop tard pour y être habile et qui les hait encore plus qu'elle ne les ignore. » Et ailleurs : « On ne veut pas que je m'en mêle, et je ne veux pas m'en mêler. On ne se cache point de moi ; mais je ne sais rien de suite, et je suis très-souvent mal avertie. »

Nous ne voulons pas prétendre que son influence sur les affaires fût tout à fait nulle, loin de là ; seulement cette influence, comme nous l'avons dit, n'a pas eu l'importance que l'on s'est imaginé. Elle eut, sans doute, sur le roi cet ascendant inévitable d'une personne justement estimée qui est toujours là et à laquelle on ne cache rien. Son avis avait du poids ; sa protection était puissante,

quoiqu'on la crût plus puissante encore qu'elle
n'était. Devenue l'épouse de Louis XIV, elle fut
admise dans les secrets de l'Etat. Le roi travaillait
chez elle avec ses ministres; les plus grandes affaires
étaient discutées et se décidaient en sa présence ;
pendant ce travail, elle se tenait ordinairement à
l'écart, occupée à lire ou à écrire, ou bien elle
travaillait à un métier de tapisserie, ne disant son
mot que rarement et toujours avec de grandes
mesures. Il arrivait parfois, quand la matière était
embarrassante, ou que le roi n'était pas d'accord
avec ses ministres, il disait, en se retournant vers
Mme de Maintenon : « Consultons la Raison. » Puis
il lui demandait son avis en ces termes : « Qu'en
pense Votre *Solidité* ? » C'est le titre qu'il avait
imaginé de lui donner pour rendre hommage à la
sûreté de son jugement et à la fermeté inébran-
lable de son esprit. Mais il y a loin de là à tout
diriger, à faire et à défaire les ministres, à choisir
les généraux, et à ne pousser que ses protégés,
au grand détriment de l'Etat, comme on l'en a
plusieurs fois accusée.

Mme de Maintenon n'eut sur les affaires qu'une influence très-générale, et cette influence fut habituellement salutaire ; elle ne donna au roi que des conseils de sagesse et de modération ; elle ne chercha à lui inspirer que l'amour de la paix, le sentiment de la justice, le bien de l'humanité, le soulagement des peuples, la diminution du faste et des dépenses. Malheureusement plus d'une fois les bons conseils qu'elle donna ne furent point suivis. « Je n'ai pas plu dans une conversation sur les bâtiments, écrit-elle au cardinal de Noailles, et ma douleur est d'avoir fâché sans fruit. On fait encore ici un corps de logis de cent mille livres ; Marly sera bientôt un second Versailles. Il n'y a qu'à prier et souffrir [1]. »

Elle n'eut d'action un peu directe que sur le choix des charges de cour, principalement pour les maisons des princesses, que le roi réglait habituellement avec elle ; elle en eut encore sur quelques nominations dans le clergé, et sur plusieurs affaires de religion auxquelles son zèle et

[1] Lettre écrite de Marly, le 19 juillet 1698.

sa piété lui firent prendre un intérêt plus vif.
« Ne jugeriez-vous point à propos, monseigneur,
écrivait-elle au cardinal de Noailles, de faire une
liste des bons évêques? Vous me l'enverriez, afin
que dans les occasions qui se présentent tous les
jours, je soutienne plus ou moins leurs intérêts,
et qu'on leur envoie les affaires dont ils doivent
se mêler et auxquelles ils sont propres. On m'a-
dresse toujours la parole quand il est question
d'eux : mieux instruite, je serais plus hardie[1]. »

Pour peu d'ailleurs qu'on connaisse le cœur
humain, on sait que plus un homme croit de la
supériorité à une femme, plus cette supériorité
lui porte ombrage, et plus il met de soin à n'en
être pas dominé. Louis XIV, tout en appréciant
l'esprit brillant et cultivé qui le charmait dans
Mme de Maintenon, tenait beaucoup à ne pas lui
laisser prendre le dessus sur son bon sens pratique ;
il eût peut-être cédé plus facilement à une femme
qu'il eût reconnue médiocre. Mme de Maintenon,
d'ailleurs, ne souhaita jamais de le gouverner.

[1] Lettre du 14 janvier 1697.

Son âme était trop élevée pour se prêter aux manéges qui l'y eussent conduite, et à cette combinaison par laquelle, comme Saint-Simon le suppose, tout aurait été toujours convenu d'avance entre elle et le ministre, de telle sorte qu'elle eût disposé de tout tandis que le roi n'aurait disposé de rien et que par hasard. Au lieu d'être dominante auprès du roi, elle était plutôt timide avec lui, n'agissant qu'avec réserve et une grande circonspection.

Il s'en fallait tellement qu'elle cherchât à exercer une grande influence sur le gouvernement, que Fénelon, dans une longue lettre qu'il lui écrivit, à sa demande, sur les défauts qu'il avait pu remarquer en elle, lui reproche, au contraire, de se trop peu mêler des affaires. Il l'engage à n'être pas si timide, et sans s'ingérer dans les affaires d'Etat, à s'en instruire davantage; « et quand les ouvertures de la Providence, dit-il, lui offriront de quoi faire le bien, sans pousser le roi au delà des bornes, à ne jamais reculer, mais suivre le courant des affaires générales, pour tempérer

ce qui est excessif et redresser ce qui en a besoin [1]. »

On peut dire de Mme de Maintenon que personne n'a été plus méconnu qu'elle. Nulle carrière,
il est vrai, n'a prêté davantage aux faux jugements. Les ennemis que lui fit la faveur, les
mécontents de toutes les sortes, les mensonges
des libelles, les malheurs de la fin du règne, la
réaction antireligieuse du siècle suivant, tout,
jusqu'à l'inexacte publication de ses lettres (dans
les éditions publiées par Labaumelle), a trompé
sur le caractère de celle qui les a écrites, tout
a contribué à la calomnier dans l'opinion; erreur
difficile à détruire; car quand une fois certains
personnages se sont dessinés d'une certaine façon
dans l'imagination des peuples, ils y restent gra-
vés pour longtemps.

Pour bien connaître Mme de Maintenon, il faut
étudier l'ensemble de sa vie, car l'âme n'a point
de secrets qu'à la fin la conduite ne révèle; il
faut l'étudier surtout dans le recueil de ses lettres.

[1] Lettre de Fénelon, année 1694.

On y verra un caractère qui ne s'est jamais dé-
menti, un esprit droit et ferme, une vertu qui
resta la même parmi les écueils les plus divers,
une véritable sainteté de vie sur le théâtre le
plus mondain, une raison forte et élevée sous
les dehors les plus aimables, un rare désintéressement et une modestie toujours sincère, une
philosophie inspirée par la religion, qui savait
estimer tout à sa valeur, sans illusion et sans
pédanterie ; et dans ces mêmes lettres, on trouvera un langage et un style qui la placent, ainsi
que Mme de Sévigné, quoique par des qualités
différentes, au nombre des bons écrivains du
grand siècle. Dans Mme de Sévigné, tout est action, passion, entraînement ; dans Mme de Maintenon, tout est raison, esprit, réflexion. Mme de
Sévigné est une mère qui écrit à sa fille ou à
ses amis, sans autre but que de les amuser, et
s'abandonnant à l'imagination la plus enjouée et
à la sensibilité la plus expansive ; Mme de Maintenon est la femme de Louis XIV, qui, par la
suite des événements de sa vie, et surtout par

sa nouvelle position, a contracté des habitudes
de réserve et de gravité qui ne lui permettent
d'écrire qu'avec précaution sur ce qui l'intéresse
le plus.

Ce sont ces qualités diverses et ce caractère
soutenu qui, plus que la fortune, en font une
personne éminente dans ce temps lui—même si
éminent. Sa véritable supériorité n'est pas dans
la profondeur de vues et dans l'habileté de conduite par lesquelles on croit qu'elle s'est élevée,
mais dans cette constante possession d'elle-même
qui lui fit également porter toutes les fortunes,
sans être humiliée par son abaissement ni éblouie
par sa grandeur [1].

Il est une dernière accusation dont nous tenons
à justifier Mme de Maintenon : c'est celle d'avoir
été en quelque sorte l'auteur de la révocation
de l'édit de Nantes, par l'esprit qu'elle ins-
pira, dit-on, au roi, dans la vue de s'affermir
de plus en plus par la dévotion. Cette accusation

[1] M. le duc de Noailles, *Histoire de Mme de Maintenon*,
t. II. p. 200 et 201.

fut portée contre elle dès l'origine par les protestants ; l'Europe a retenti de leurs plaintes ; et encore aujourd'hui la mémoire de cette femme illustre
est l'objet des malédictions des descendants des
religionnaires réfugiés. Qu'elle ait désiré, comme
la plupart de ses contemporains, de voir tous les
Français réunis dans l'exercice d'une même religion, à l'ombre du même sceptre ; qu'elle ait
ajouté, à l'exemple de Louis XIV, une foi trop
facile aux nombreuses conversions que les gouver-
neurs de province ne cessaient d'annoncer ; qu'elle
ait même approuvé et encouragé une mesure à laquelle on applaudissait de toutes parts, rien n'est
plus vraisemblable ; mais qu'elle ait inspiré et provoqué cette mesure et ses suites, qu'elle ait regardé
comme permis l'emploi de la violence pour arracher des conversions, rien n'est plus contraire à la
vérité : elle a même été la première à blâmer les
mesures employées par Louvois. Si elle avait eu
les sentiments qu'on lui suppose, on en trouverait
des traces dans sa correspondance. Loin de là, on la
voit arrêter le zèle inconsidéré de son frère, gouver-

neur de Cognac en Poitou, où il y avait un grand nombre de réformés. « On m'a porté sur votre compte, mon cher frère, lui écrit-elle, des plaintes qui ne vous font pas honneur : vous maltraitez les huguenots, vous en cherchez les moyens, vous en faites naître les occasions; cela n'est pas d'un homme de qualité. Ayez pitié de gens plus malheureux que coupables; ils sont dans des erreurs où nous avons été nous-mêmes et d'où la violence ne nous eût jamais tirés... Ne les inquiétez donc point : il faut attirer les hommes par la douceur et la charité ; Jésus-Christ nous en a donné l'exemple..... Ni Dieu ni le roi ne vous ont donné charge d'âmes; sanctifiez la vôtre, et soyez sévère pour vous seul. »

Elle écrit à Mme de Saint-Géran, le 13 août 1684: « Il ne faut point précipiter les choses; il faut convertir et ne pas persécuter. » Loin qu'elle poussât à la persécution des réformés, il semble, au contraire, qu'on se défiait plutôt de sa partialité à leur égard, car elle écrit encore à Mme de Saint-Géran : « Ravigny (député des protestants auprès

du roi) est intraitable ; il a dit au roi que j'étais
née calviniste, et que je l'avais été jusqu'à mon
entrée à la cour ; ceci m'engage à approuver des
choses tout opposées à mes sentiments. » Et, en
effet, on lit dans le *Mémorial de Saint-Cyr* : « Au
temps dont je parle, le roi crut qu'il ne manquait
à sa gloire que l'extirpation d'une hérésie qui avait
fait tant de ravages dans son royaume. Les moyens
que l'on prit furent un peu rigoureux, auxquels
Mme de Maintenon n'eut nulle part, quoique les
huguenots se soient imaginé le contraire ; car en
désirant de tout son cœur leur réunion à l'Eglise,
elle aurait voulu que ce fût plutôt par la voie de la
persuasion et de la douceur ; et elle nous a dit que
le roi, qui avait beaucoup de zèle, aurait voulu la
voir plus animée qu'elle ne lui paraissait, et lui
disait à cause de cela : « Je crains, madame, que le
ménagement que vous voudriez qu'on eût pour les
huguenots, ne vienne de quelques restes de préventions pour votre ancienne religion [1]. »

Les réformés eux-mêmes lui ont rendu plus d'une

[1] *Mémorial de Saint-Cyr.*

fois justice sur ce point. Les historiens des réfugiés français dans le Brandebourg, tout en lui imputant d'avoir participé à la révocation de l'édit de Nantes, ajoutent : « Rendons-lui cependant justice, elle ne conseilla jamais les moyens violents dont on usa ; elle abhorrait les persécutions, et on lui cachait celles qu'on se permettait. Elle voulait que l'on n'employât que la voie de la douceur et de l'instruction. »

Elle n'exerça son zèle de conversion que dans sa propre famille : elle profita d'une longue campagne que M. de Villette, son cousin, fit sur mer, pour instruire ses enfants et les faire rentrer dans le sein de l'Eglise catholique. A son retour, M. de Villette fut fort irrité ; mais Mme de Maintenon l'apaisa, et il finit lui-même par abjurer ses erreurs vers la fin de 1685. Le roi l'ayant félicité de sa conversion, M. de Villette lui répondit : « Sire, c'est la seule occasion de ma vie où je n'ai point eu pour objet de plaire à Votre Majesté. »

On a aussi reproché à Mme de Maintenon d'avoir facilement abandonné ses amis, entre autres

Fénelon et Racine. A l'égard du premier, si la soumission qu'elle devait comme épouse l'obligea de ne plus voir un prélat qui avait encouru la disgrâce du roi, elle n'en prit pas moins une part bien vive à son malheur. « Vous savez, dit-elle dans un de ses entretiens, les peines que j'ai eues sur M. de Cambrai; j'en eus un si grand chagrin, que le roi, quoiqu'il m'en eût su d'abord mauvais gré, ne put s'empêcher de me dire, en voyant mon affliction : « Eh bien, madame, il faudra donc que nous vous voyions mourir pour cette affaire-là? »

Quant à Racine, elle n'en fut pas moins vivement affectée; mais on peut, dans ces deux affaires, au lieu de l'accuser, reconnaître le peu d'influence qu'elle exerçait quelquefois sur l'esprit du roi.

Toutes ces contrariétés, et bien d'autres que nous ne connaissons pas, contribuèrent à rendre plus pénibles les dernières années de son mariage. Le roi vieillissait; et souvent Mme de Maintenon ne savait comment le distraire des chagrins qui l'accablèrent sur la fin de son règne. Cruellement ébranlé dès 1712, il dépérissait peu à peu depuis l'été de 1714; son premier médecin, Fagon, affaibli lui-même par l'âge, ne s'aperçut pas à temps de la petite fièvre lente qui minait le roi, et ne mit point à profit les ressources qu'offrait encore cette puissante organisation. A partir du 11 août 1715, Louis XIV ne sortit plus du château de Versailles; la fièvre augmenta, le sommeil disparut. Le 25 août, Louis reçut les sacrements avec calme et fermeté. Le 26, il fit ses adieux, en termes attendrissants, aux principaux de la cour. Il recommanda au duc d'Orléans Mme de Maintenon, à qui il adressa les adieux les plus tendres : « Je ne vous ai pas rendue heureuse, lui dit-il; mais tous les sentiments d'estime et d'amitié que vous méritez, je les ai toujours eus pour vous. L'unique chose qui me fâche, c'est de vous quitter; mais j'espère vous revoir bientôt dans l'éternité. » Le roi perdit connaissance le 30 août 1715; et Mme de Maintenon, d'après les conseils du maréchal de Villeroi, se retira à Saint-Cyr.

Le dimanche 1er septembre 1715, Melle d'Aumale entra chez elle et lui dit : « Madame,
toute la maison consternée est à l'église. » Le roi
venait d'expirer. Mme de Maintenon s'y rendit aussitôt, et elle assista à l'office des morts.

Peu de jours après, le duc d'Orléans, régent
du royaume, vint lui rendre visite ; elle lui pro-
mit de ne plus s'employer qu'à prier Dieu pour le
bonheur de la France. Le régent lui continua la
pension de 48,000 livres que le feu roi lui faisait
sur sa cassette ; et il fit insérer dans le brevet que
son rare désintéressement lui avait rendu cette
pension nécessaire. Madame, mère du régent,
vint aussi la voir. La reine d'Angleterre s'y rendit
également dans le plus grand deuil.

Retirée à Saint-Cyr, Mme de Maintenon fit
vendre ses chevaux ; elle renvoya ses domestiques,
ne gardant que deux femmes pour la servir. Elle
suivit tous les exercices religieux, se contenta de
l'ordinaire de la maison, et se soumit, comme une
simple dame, à l'autorité de la supérieure. Sa
pension devint le patrimoine des pauvres.

Pierre le Grand, étant venu en 1717 à Paris, rendit visite à Mme de Maintenon. Elle le reçut étant sur son lit : le czar ouvrit les rideaux, afin de la mieux considérer, et il s'entretint quelque temps avec elle à l'aide de son interprète.

Mme de Maintenon mourut au milieu des dames de Saint-Louis, le 15 avril 1719, à l'âge de quatre-vingt-quatre ans. Elle a été inhumée à Saint-Cyr dans un caveau que le duc de Noailles a fait construire au milieu du chœur. L'épitaphe qui est sur sa tombe est l'ouvrage de l'abbé de Vertot. Aucun éloge ne fut alors prononcé; et ce ne fut qu'en 1786, à l'occasion de la fête séculaire de la maison de Saint-Cyr, que des hommages publics furent rendus à sa mémoire.

Le tombeau de Mme de Maintenon, détruit pendant la révolution, a été rétabli en 1802, par les soins des chefs du prytanée de Saint-Cyr.

CHAPITRE IX

Nous avons dit que le meilleur moyen de connaître la femme illustre dont nous venons d'esquisser l'histoire était de consulter et de lire les lettres qu'elle a écrites. Nous croyons ne pouvoir mieux terminer notre récit qu'en reproduisant des extraits de ces lettres, surtout de celles qui révèlent la partie la moins connue, la moins éclatante de sa vie.

« Il y a, dit M. Th. Lavallée dans son excellent travail, il y a dans Mme de Maintenon deux existences distinctes, encore bien qu'elles se trouvent nécessairement confondues : d'une part, l'existence publique, la vie de cour et de Versailles, la vie de la compagne de Louis XIV; d'autre part, l'existence intime et cachée, la vie de piété, la vie de bonnes œuvres de Saint-Cyr, la vie de l'institutrice de la maison de Saint-Louis.

» Saint-Cyr ayant été la grande et unique affaire de Mme de Maintenon, c'est sa véritable vie et celle qui nous la fait le mieux connaître ; c'est celle qui nous la montre dans son intimité, dans le secret de ses pensées, dans ses occupations journalières, dans ses véritables affections et ses goûts, dans ses faiblesses et ses défauts, ajoutons dans tout l'éclat et la plénitude de ses facultés. Le personnage de Mme de Maintenon, réduit à ces proportions, à cette vie sainte mais monotone, à ces occupations innocentes mais monastiques, est moins curieux, moins dramatique que dans les récits romanesques de Saint-Simon, mais il est plus naturel, plus vrai, et nous verrons qu'il n'est pas moins intéressant.

» Nous avons dit ailleurs quelles hautes pensées avaient inspiré la fondation de Saint-Cyr et l'édu-

cation qu'on y donnait : Mme de Maintenon voulait
« rendre les demoiselles les plus parfaites selon Dieu
» et selon le monde ; » en dispersant des filles ainsi
élevées dans toute la France pour y « multiplier
» l'éducation de Saint-Cyr, » elle voulait « renou-
» veler dans tout le royaume la perfection du chris-
» tianisme ; » enfin elle voulait, pour parler le langage de notre époque, arrêter la corruption de son
temps en régénérant la société par les femmes et
le foyer domestique.

» Pour atteindre ce but si élevé, il fallait d'a-
bord former les institutrices : « Je demande à Dieu
» tous les jours, disait-elle aux Dames de Saint-
» Louis, je demande que Saint-Cyr soit détruit,
» si vous n'êtes des saintes, puisqu'il est comme
» impossible que vous remplissiez les desseins de
» votre institution si vous n'êtes pas parfaites. » —
« Sanctifiez votre maison, leur disait-elle encore,
» et par votre maison tout le royaume. Je donnerais
» de mon sang pour communiquer l'éducation de
» Saint-Cyr à toutes les maisons religieuses qui
» élèvent des filles. » C'était donc à rendre *saintes*

et *parfaites* les Dames de Saint-Louis que tendait
Mme de Maintenon ; ce fut le travail qui l'occupa
toute sa vie ; sa mission, car, disait-elle, « la Pro-
» vidence m'avait donné des grâces spéciales pour
» cet institut ; » sa passion ; car, disait-elle encore,
« tout m'est étranger à proportion de Saint-Cyr, et
» mes plus proches parents me sont moins chers
» que la dernière des bonnes filles de la commu-
» nauté. » Ce fut enfin l'objet principal des lettres
nombreuses qu'elle écrivit aux dames de Saint-
Louis.

  « Outre ces instructions générales, dit Languet de
» Gergy, elle ne cessa d'en donner de particulières
» à celles des religieuses qui s'adressoient à elle pour
» lui ouvrir leur cœur et la consulter. On a ainsi
» une multitude de lettres que les Dames de Saint-
» Louis avoient gardées soigneusement pour leur
» édification, et qui sont dignes d'être lues et ad-
» mirées. Il semble que ce soit Mme de Chantal par-
» lant aux Filles de Saint-François de Sales. Elle
» entroit dans le détail des défauts, des vices, des
» imperfections de ses filles ; elle les encourageoit,

» elle les reprenoit, les consoloit selon leurs be-
» soins, leurs dispositions ; son ton étoit assaisonné
» de cette douceur modeste, de cette franchise et
» de ces grâces qui ne la quittoient jamais. »

» Chaque religieuse, chaque novice, chaque demoiselle même, usant et quelquefois abusant de la
permission que Mme de Maintenon lui en avait donnée, au moindre scrupule, au moindre embarras,
au moindre *picotement* de sa conscience, lui écrivait,
la consultait, et, au milieu de tous ses embarras et
des fatigues de la cour, de sa vie si agitée, et dont
elle nous a tracé elle-même le vivant tableau ; au
milieu de ses voyages continuels à Versailles, à
Marly, à Fontainebleau, elle répondait à toutes,
soit par un avis en quelques lignes, soit par de
longues instructions, tantôt familières, tantôt solen-
nelles, avec une abondance de cœur et une fécondité
d'esprit qui semblent inépuisables, avec une fermeté
de pensées, une profondeur et une délicatesse d'i-
dées, un langage si net, si vrai, si pénétrant,
qu'elle s'y révèle comme le plus grand écrivain de
la fin du siècle de Louis XIV.

» Mme de Maintenon apparaît dans ces lettres, où elle se peint elle-même au naturel, et qui certes n'ont pas été écrites en vue de la postérité, comme un personnage très-différent de celui que l'imagination et la haine de ses ennemis ont inventé. On l'y trouve tout occupée de Dieu et de son œuvre de Saint-Cyr, ne prenant part aux affaires de l'Etat que pour gémir sur les malheurs de la guerre, montrant même dans ses entretiens avec les Dames de Saint-Louis, ses faiblesses, ses infirmités, ses défauts. C'est une femme d'un esprit supérieur, mais essentiellement droit, et qui pousse le bon sens, pour ainsi dire, jusqu'au sublime; elle a une piété profonde, mais en même temps simple, douce, solide, et dirigée de telle sorte « qu'elle nous attache » aux devoirs de notre état; » elle est ordinairement grave et sérieuse, mais elle est aussi aimable, enjouée, indulgente : « La grâce, disait-elle, n'est » pas incompatible avec la dévotion dans les per- » sonnes de notre sexe. » Enfin qu'elle écrive, soit à des princes, à des évêques, soit à des enfants, ou aux plus humbles des sœurs converses, elle a

toujours , et à un degré éminent , ces qualités com-
munes à la société de cette époque et qui ont fait
sa grandeur : la tenue , la mesure , la distinction ,
la dignité. « Prenez tous mes avis d'aussi bon cœur
» que je vous les donne , écrit-elle à une Dame de
» Saint-Louis , et si je vous fais de la peine , par-
» donnez-le-moi, en considérant le personnage que
» je fais chez vous, et que Dieu m'en a chargée. »

» Mme de Maintenon apparaît encore dans ces
lettres avec un entourage plein d'innocence et d'a-
gréments , qui change sa physionomie et répand sur
sa personne un charme profond. Les Dames de Saint-
Louis formaient , en effet , une réunion de femmes
aussi remarquables par leur vertu que par leur
esprit ; d'une candeur ravissante , d'une piété angé-
lique , qui, tout en s'efforçant d'atteindre à la perfection monastique , n'avaient rien perdu des manières distinguées , du langage poli qu'elles devaient
à leur éducation et à leur naissance. Outre les Dames
de Saint-Louis , il y avait encore autour de Mme de
Maintenon des demoiselles qu'elle avait distinguées
au milieu des autres , et dont quelques-unes lui

tenaient compagnie, comme la spirituelle Melle d'Aumale, ou bien des enfants qu'elle élevait elle-même
dans son appartement, comme la charmante Jean-
nette de Pincré. Je ne crois pas me tromper en
disant que tous ces visages si purs, si gracieux, si
naïfs, que toute cette vertu, tout cet enjouement,
toute cette fraîcheur se reflètent sur le visage de
Mme de Maintenon, lui ôtent l'aspect chagrin et
sévère que lui donnent la plupart des portraits que
nous avons d'elle, et en font ce qu'elle était réel-
lement à Saint-Cyr, une bonne et noble femme,
pleine de raison et de grâce, une institutrice parfaite, une vraie mère de famille adorée de ses
enfants. »

Voici quelques-uns de ses excellents conseils aux
dames qu'elle avait placées à la tête de la maison
de Saint-Cyr.

A MADAME DE GLAPION

La douceur que vous mêlez à vos réprimandes ne
les affoiblit point, pourvu que vous soyez ferme

dans les ordres que vous donnez. La gradation que vous me marquez dans la conduite que vous tenez sur Melle de N. est très-bonne; ce n'est pas la capacité qui vous manque, ma chère fille; vous avez de l'esprit et tout raisonnable; vous êtes simple, droite et toute propre à faire une excellente première maîtresse; mais vous n'aimez pas Dieu de tout votre cœur et de tout votre esprit, voilà votre mal et voilà sa source. Dieu vous a donné de l'esprit pour que vous le fassiez valoir à sa gloire, il vous en demandera compte, et si vous ne pouvez lui dire : « J'ai employé tout mon esprit à vous attirer des âmes, j'ai rapporté à ce dessein tout ce que vous m'aviez donné d'aimable; » craignez d'entendre avec confusion qu'il ne vous dise : « Vous avez aimé l'esprit pour votre plaisir; vous l'avez cherché dans le commerce des créatures et dans leurs ouvrages; vous vous êtes ennuyée de celui dont je vous avois chargée; vous avez langui avec tout ce qui n'excitoit pas, avec tout ce qui ne contentoit pas ce désir insatiable d'avoir et de trouver de l'esprit. » Dieu vous avoit donné un cœur tendre, généreux, reconnaissant, et au lieu de pouvoir lui dire avec confiance : « J'ai inspiré le bien que vous aviez mis en moi ; » vous entendrez qu'il vous dira : « Je vous avois donné un cœur propre à aimer, et vous avez aimé les créatures, et vous avez cherché à les aimer ; vous avez passé vos jours à vous attrister pour elles ; vous avez plus versé de larmes pour leur perte que pour vos péchés ; vous vous êtes rendue incapable de travailler pour moi, parce que vous vous êtes consumée pour elles ; vous avez manqué au premier commandement et à vos vœux ; vous avez langui dans ma maison, vous qui deviez, par tout ce que j'ai mis en vous, être l'exemple de la ferveur ; vous avez fait gémir vos supérieurs, vous qui deviez être leur consolation. » Voilà, ma chère fille, ce que je ne puis m'empêcher de vous dire ; je sais que je vous demande beaucoup ; mais c'est à une religieuse que je parle, et à une religieuse capable de comprendre l'étendue de ses obligations.

A LA MÊME

Que vous feroit la lecture des histoires ? que de
vous dégoûter des lectures pieuses, de vous remplir l'esprit d'idées dangereuses par les différentes
matières qui y sont traitées, de faire chanceler votre
foi par la manière dont les historiens traitent souvent la religion, de vous mettre une confusion dans
l'esprit qui suit la lecture des personnes de notre
sexe, parce qu'elles ne savent rien à fond, et de
vous rendre plus vaine par ce petit avantage que
vous croiriez avoir sur les autres.

Vous faites votre peine de ce qui doit être le fondement de votre bonheur, qui est l'ignorance du
monde et la simplicité de vos lectures. Lisez, je vous
prie, les *Confessions* de saint Augustin, et voyez
comme il parle de ce que les livres profanes faisoient
en lui. Vous craignez l'ennui pour la suite de votre
vie, mais vous espérez que le goût que vous avez
pour le travail vous en garantira. Il faut un plus
grand remède à un si grand mal ; c'est la piété seule
qui peut vous soutenir contre l'ennui, c'est le zèle

du salut des âmes qui doit vous faire aimer le travail ; c'est là le travail qui vous consolera , et non
pas celui de vos mains. .

C'est un grand bonheur que l'ouverture du cœur
que vous avez pour vos supérieurs ; conservez cette
disposition , ce sera un des plus puissants moyens
pour vous rendre à Dieu tout entière ; mais il faut
mettre de ce nombre vos confesseurs ; vous ne pro-
fiterez jamais si vous n'en avez un qui vous conduise,
et pour qui vous soyez comme un enfant. Je crois
vous avoir déjà écrit là-dessus.

Pourquoi entreprenez-vous des austérités corpo-
relles qui ne sont point de votre règle ? Vous feriez
mieux de surmonter la répugnance que vous avez
pour l'oraison , que celle que vous avez pour la
discipline. Faites tous vos efforts pour vous pré-
parer aux sacrements ; ce sont des canaux par lesquels nous recevons la grâce ; il est impossible que
vous ne vous perdiez pas, si vous abandonnez ce
qui peut vous sauver ; cet état de froideur dans une
religieuse ferait tout craindre pour les suites. Ne
jugez point de votre amour pour Dieu par ce que

vous sentez, mais par ce que vous faites. Vous êtes très-propre aux classes, vous avez beaucoup de raison, vous êtes douce, quoi que vous puissiez dire, et si vous étiez animée d'un plus grand zèle, vous y feriez des merveilles; c'est votre jeunesse qui vous rend impatiente sur les défauts de vos filles; chaque année augmentera votre patience, et pourvu que vous travailliez, Dieu sera content de vous.

J'ai oublié de répondre à l'article où vous dites que vous êtes grande parleuse; je ne m'en suis jamais aperçue. Vous vous plaignez d'être occupée de vous-même; vous le serez encore quand vous aurez employé bien des années à mortifier votre corps et votre amour-propre; comment ne le seriez-vous pas, n'ayant encore fait que le nourrir et le laisser en repos?

A LA MÊME.

Il ne vous est pas mauvais de vous trouver dans le trouble et dans l'inquiétude des petits esprits embrouillés; vous en serez plus humble, et vous sen-

tirez par votre expérience que nous ne trouvons nulle
ressource en nous, quelque esprit que nous ayons.
Vous ne serez jamais contente, ma chère fille, que
lorsque vous aimerez Dieu de tout votre cœur; je
ne vous dis pas ceci par rapport à la profession où
vous êtes engagée; Salomon nous a dit il y a longtemps, qu'après avoir cherché, trouvé et goûté de
tous les plaisirs, il confessoit que tout n'est que
vanité et affliction d'esprit, hors aimer Dieu et le
servir. Que ne puis-je vous donner mon expérience!
que ne puis-je vous faire voir l'ennui qui dévore les
grands, et la peine qu'ils ont à remplir leurs journées! Ne voyez-vous pas que je meurs de tristesse
dans une fortune qu'on auroit peine à imaginer, et
qu'il n'y a que le secours de Dieu qui m'empêche
d'y succomber? J'ai été jeune et jolie; j'ai goûté des
plaisirs, j'ai été aimée partout; dans un âge un
peu plus avancé, j'ai passé des années dans le commerce de l'esprit; je suis venue à la faveur, et je
vous proteste, ma chère fille, que tous ces états
laissent un vide affreux, une inquiétude, une lassitude, une envie de connoître autre chose, parce

qu'en tout cela, rien ne satisfait entièrement ; on
n'est en repos que lorsqu'on s'est donné à Dieu,
mais avec cette volonté déterminée dont je vous parle
quelquefois ; alors on sent qu'il n'y a plus rien à
chercher, qu'on est arrivé à ce qui seul est bon sur
la terre ; on a des chagrins, mais on a une solide
consolation et une paix au fond du cœur au milieu
des plus grandes peines.

Mais vous me direz : Se peut-on faire dévote quand
on veut ? — Oui, ma chère fille, on le peut, et
il ne nous est pas permis de croire que Dieu nous
manque. « Cherchez, et vous trouverez ; heurtez à
la porte, et l'on vous ouvrira. » Ce sont ses paroles ;
mais il faut chercher avec humilité et simplicité.
Saint Paul pouvoit bien en savoir plus qu'Ananias ;
il va pourtant le trouver, et apprend de lui ce qu'il
faut qu'il fasse. Vous ne le saurez jamais par vous-
même, il faut vous humilier. Vous avez un reste
d'orgueil que vous déguisez à vous-même sous le
goût de l'esprit ; vous n'en devez plus avoir, mais
vous devez encore moins chercher à le satisfaire avec
un confesseur ; le plus simple est le meilleur pour

vous, et vous devez vous y soumettre en enfant.
Comment surmonterez-vous les croix que Dieu vous
enverra dans le cours de votre vie, si un accent
normand ou picard vous arrête, et si vous vous dé-
goûtez d'un homme qui n'est pas si sublime que
Racine ? Il vous auroit édifiée, le pauvre homme,
si vous aviez vu son humilité dans sa maladie, et
son repentir sur cette recherche de l'esprit ; il ne
chercha point dans ce temps-là un directeur à la
mode, il ne vit qu'un bon prêtre de sa paroisse. J'ai
vu mourir un autre bel esprit, qui avoit fait les plus
beaux ouvrages que l'on puisse faire et qui n'avoit
pas voulu les faire imprimer, ne voulant pas être
sur le pied d'auteur ; il brûla tout, et il n'est resté
que quelques fragments dans ma mémoire. Ne nous
occupons point de ce qu'il faudra tôt ou tard abjurer.
Vous n'avez encore guère vécu, et vous avez pourtant à renoncer à la tendresse de votre cœur et à la
délicatesse de votre esprit ; allez à Dieu, ma chère
fille, et tout vous sera donné. Adressez-vous à mo
tant que vous voudrez ; je voudrois bien vous mener
à Dieu ; je contribuerois à sa gloire ; je ferois le

bonheur d'une personne que j'ai toujours aimée particulièrement, et je rendrois un grand service à un
institut qui ne m'est pas indifférent.

A MADAME DE VANCY

Je ne suis pas plus convaincue de l'insuffisance et
de l'inutilité de la raison que je le suis de la nécessité de l'humilité. Mais en vérité, madame, ce n'est
pas à moi à en faire des leçons, et j'en recevrois de
vous plus volontiers. Ce ne sont pas les lumières
qui vous manquent, vous en avez sur tout; mais
votre esprit fait trop de chemin, et je crois qu'il
faudroit y renoncer et vous tenir en paix dans l'état
où il plaît à Dieu de vous mettre; il n'y en a pas de
plus propre à vous sanctifier. Vous avez des talents,
il les rend inutiles, et vous met dans un lit pour
pratiquer la patience, l'humilité, la douceur, et
non pas pour instruire et pour servir la communauté, comme il paroissoit que vous auriez pû faire;
c'est ainsi qu'il confond nos projets et que nous ne
serons jamais en sûreté que par cet abandon à sa

volonté. Mais aussi, ma chère fille, combien lui seriez-vous agréable, si vous étiez en paix dans ce
lit, toute résignée à ce qu'il lui plaira faire de vous,
soumise aux remèdes sans y mettre votre confiance,
indifférente à la nourriture, bien persuadée qu'il y
mettra sa bénédiction, docile pour ce qu'on exige
de vous, facile à servir, comptant que vous ne méritez pas de l'être, et par là dans un continuel
exercice des vertus les plus solides, parce qu'elles
sont moins éclatantes ! Dieu veuille vous inspirer ces
pratiques et vous consoler quand vous y aurez manqué ! La maladie affoiblit l'esprit, et il ne faut pas
vous affliger de vos fautes. M. l'abbé de Fénelon
vous disoit l'autre jour : « qu'il ne faut pas s'arrêter à ses chutes, mais nous relever et reprendre
notre course. » Cette figure nous fait comprendre
bien nettement le temps qu'on perd à considérer sa
chute et qu'il vaut mieux avancer. Je vous verrai
le plus tôt que je pourrai, et je m'estimerai trop
heureuse de vous être utile.

A MADAME DE ROCQUEMONT

L'esprit des subalternes doit être le même que celui de celles qui sont les premières en charge ; tout roule en tout sur la bonne foi. On dit dans la maison que je ne cesse de prêcher ; mais que pourrois-je prêcher de meilleur que cette bonne foi sans laquelle tout ce que nous faisons n'est que grimaces ? Il faut donc, madame, faire dans votre place le bien que vous pourrez faire ; il faut, quand il doit avoir quelque suite, le concerter avec ma sœur de ...., car, de préférence en tout, il faut vivre en paix, et il vaudroit mieux manquer un bien que de faire un mal. Elle me paroît douce, et je crois qu'elle recevra bien ce que vous lui proposerez ; si elle ne le reçoit pas, et que ce soit peu de chose, vous demeurerez en paix ; si c'est quelque chose d'utile et de considérable, et qu'elle le refuse, vous m'en avertirez ; vous êtes toutes si jeunes, qu'il faut vous former toutes à la fois, et vous devez entrer dans cet esprit-là. Vous n'en serez pas quittes devant Dieu, pour dire : « Celle qui préside ne veut pas ce bien-là, donc je n'ai qu'à me tenir en repos. » Ce raisonnement sera bon dans vingt ans, qu'il y aura des filles expérimentées avec lesquelles les subalternes n'auront qu'à obéir ; mais présentement que vous n'en savez guère plus les unes que les autres, vous devez, pour établir le bien, prendre tous les chemins qui vous sont ouverts, et vous adresser à ceux qui vous gouvernent. Vous savez combien je suis à votre service et avec quelle joie j'entrerai dans tout ce qui peut être bon à votre maison ; ne balancez donc plus entre la négligence et l'empressement ; regardez-vous comme étant aussi chargée du bien de votre établissement que l'est Mme la supérieure, non pás pour vous en mêler hautement, pour en dire votre avis ; pour blâmer ce qui se fait, pour déplorer ce qui ne se fait pas, pour parler de tout ; mais pour proposer aux supérieures en qui vous avez confiance tout ce qui vous passe par l'esprit de bon pour le règlement de votre charge. Soyez subalterne par votre déférence pour Mme de...., par votre humilité, par l'amour de la paix ; souffrez plutôt que de la troubler, mais soyez hardie avec ceux qui ont l'autorité et la volonté de profiter de ce que vous aurez pensé. Comment pouvez-vous demeurer en repos sur ce qui iroit mal, parce que ce n'étoit pas à vous à en répondre? où seroit votre affection, votre zèle, et cette bonne foi qui fait qu'on s'intéresse au bien, sans rapport à soi-même? Ayez un zèle sincère, un zèle bien réglé qui n'adresse jamais de plaintes et ses avis qu'à ceux qui peuvent y donner ordre; voilà, ma chère fille, les moyens de vous acquitter de vos obligations, qui sont grandes, d'être agréable à Dieu, utile à votre maison, et de me faire un grand plaisir.

Le silence est une excellente pratique; ne craignez point l'enrouement, nous n'avons point vu de fille perdre la parole pour avoir été en silence.

A MADAME DE VEILHAN

Quand vous avez été en état de mourir, je vous ai laissé en paix, comptant que vous feriez tout ce qui étoit possible, acceptant de bon cœur les grandes

douleurs qu'il a plu à Dieu de vous faire souffrir;
mais à présent qu'il est question de vivre, trouvez
bon que je prenne le même soin que j'avois de vous
quand vous êtes tombée malade. Qu'est-ce que j'apprends? on dit que vous êtes aussi farouche qu'à
l'ordinaire, que tout vous importune, que les visites
de nos sœurs vous sont insupportables, et que vous
ne respirez qu'après la solitude? A quoi vous sert
votre esprit? à quoi vous servent vos continuelles
lectures? ne vous en faites-vous jamais une application? Quand saint Paul dit : *qu'il ne sert de rien de
livrer son corps aux flammes, si on n'a la charité,*
ne rentrez-vous point en vous-même pour dire : Il
ne servira de rien d'avoir souffert le ciseau et le feu
si je n'aime mon prochain, si je ne suis douce, si je
ne préviens par toutes sortes d'honnêtetés? Quelle
illusion est la vôtre ! vous prenez un état où il faut
être livrée aux autres, et vous voulez être seule !
Dieu vous avoit mise dans la solitude par la maladie;
il falloit pendant ce temps-là faire une provision
de patience, de douceur, de support du prochain.
Quelle idée avez-vous de la vertu de la faire con-

sister dans la rudesse et dans l'éloignement de ceux à qui Dieu vous a unie pour toujours ! Faites vos réflexions devant lui, je vous en conjure, et prenez des résolutions, moyennant sa grâce, de vous conduire selon les vœux que vous avez faits. Vous feriez beaucoup de bien si vous étiez docile : vous avez un mépris pour votre corps, une opposition à la délicatesse et un courage pour prendre sur vous qui feroit des merveilles, si vous ne vous jetiez pas dans les extrémités qui font des défauts de toutes ces bonnes qualités. Nous sommes bien misérables de garder tout ce que nous avons reçu de bon ; j'espère que vous soumettrez votre jugement et votre conduite.

A UNE DEMOISELLE ÉLEVÉE A SAINT-CYR

Vous me demandez, ma chère fille, de vous donner des avis pour votre conduite ; vous n'en avez pas besoin, et je ne suis pas capable d'en donner : vous sortez d'une maison dans laquelle on vous a instruite de tous les devoirs du christianisme, et

vous allez dans une autre où vous verrez pratiquer
tout ce que vous avez appris. J'aime pourtant mieux
vous dire quelque chose d'inutile que de vous refuser. Je vous exhorte donc, ma chère enfant, à
croître tous les jours dans la piété solide, droite et
simple que vous avez embrassée ; il me semble que
la piété solide consiste à ne compter que Dieu, et à
compter tout le reste pour rien, à ne vouloir que
sa sainte volonté, à le voir en tout, à mettre en
lui toute sa confiance ; à ne s'appuyer sur aucun
homme, quelque saint qu'il soit, à les regarder
comme des instruments dont il se sert comme il lui
plaît, et qui ne peuvent rien par eux-mêmes ; à ne
s'attacher jamais à eux, et à être bien persuadée
que Dieu nous donnera toujours ce qui nous sera
nécessaire. Je crois que la droiture de la piété est
de s'attacher à son devoir, et de regarder comme
des tentations tout ce qui nous en éloigneroit, sous
quelques apparences spécieuses d'une plus grande
perfection : la perfection que Dieu demande de nous
est de demeurer dans l'état où il nous met, de nous
y sanctifier sans inquiétude et sans trop d'empres-

sement. Tout est réglé pour une religieuse , et tout consiste pour elle dans l'accomplissement de ses vœux. Vous n'aurez qu'à suivre ce que vous verrez : allez avec simplicité ; ne désirez rien d'extraordinaire ; ouvrez votre cœur à votre supérieure ; tâchez d'en faire votre directeur. Accommodez-vous des confesseurs ordinaires, et si quelqu'un vous faisoit de la peine , dites-le avec confiance à celle qui vous conduit, et demeurez en paix : soit qu'on vous donne du secours ou qu'on vous le refuse , rien ne vous manquera. Ne passez pas un jour, je vous en conjure , sans prier pour le Roi ; vous y êtes obligée comme sa sujette et par obligation particulière : il vous a procuré une bonne éducation ; il vous met dans une des plus saintes maisons de son royaume. Priez pour Saint-Cyr, vous en connoissez les besoins ; ne cessez pas de demander à Dieu de bénir cette œuvre pour sa gloire. Priez pour moi, demandez mon salut et les grâces qui me sont nécessaires pour m'acquitter des choses dont il m'a chargée. Conduisez-vous de manière à faire désirer les demoiselles de Saint-Cyr ; je voudrois bien en mettre

quelqu'une avec vous aux mêmes conditions qu'on
les prend dans les autres maisons. Mandez-moi de
vos nouvelles autant qu'on voudra vous le per-
mettre ; je prends un intérêt tout particulier pour
vous, et je serai ravie de savoir comment vous
vous trouverez et comment on se trouvera de vous ;
mandez-moi simplement ce qui vous regarde, sans
façon et cérémonie avec moi : je n'en veux point,
et vous savez que je vous aime comme mes enfants.

P. S. — Priez Dieu pour vos compagnes. Qu'il
plaise à Dieu de les bénir partout où elles vont, et
qu'elles puissent édifier partout où la divine Providence les conduit !

A MADAME DE MONTFORT

Voici encore un écrit, ma très-chère, que je
vous prie de lire et relire avec attention, et, pour
cela, de le garder autant que vous voudrez. Je suis
ravie de voir que vous n'avez pas de loisir ; c'est ce
que je vous ai toujours souhaité, et c'est une marque de votre bonne foi dans votre charge. Mme de

Loubert me dit hier que la vôtre étoit la plus pénible ; faites-vous soulager par les maîtresses , et par les plus grandes de la classe , afin de les former davantage ; du reste , mettez-vous-y bien de tout votre cœur. Oh! qu'il vous est bon d'entrer dans tous ces petits détails, qui sont plus grands, quand on les conduits par l'ordre et pour l'amour de Dieu, que le gouvernement d'un royaume ! Soyez bien gaie à la récréation : vous ne sauriez croire combien on est édifié de votre changement ; commencez des jeux avec vos jeunes demoiselles, par complaisance : Dieu vous y fera trouver du plaisir ; votre cœur deviendra innocent comme celui d'un enfant ; n'appréhendez pas cet état, puisque Notre Seigneur nous le marque pour entrer dans son royaume. Je le remercie souvent de ce qu'il fait en vous ; il achève ce qu'il a commencé , et je ne doute pas que je ne voie cet ouvrage bien avancé. Ne vous gênez point , madame , je vous en conjure; demandez de la consolation dès que vous en avez besoin ; mettez par là votre âme en paix et en liberté , afin que vous puissiez dire avec David ces paroles que vous savez qui m'ont touchée en pareille occasion : *Seigneur, j'ai couru dans la voie de vos commandements quand vous avez dilaté mon cœur.* Dieu permet que vous l'ayez serré par des scrupules pour que vous ayez besoin de secours et d'humiliations en le demandant pour des choses qui n'en paroissent pas valoir la peine : c'est à ce qui vous paroîtra petit que votre perfection est attachée, et ce sera par les petits moyens que vous arriverez à votre grande fin. Je ne puis vous exprimer la joie que j'ai de votre état et la tendresse de mon cœur pour vous.

A MADAME DE VEILHAN

Si on pouvoit en conscience souhaiter une religieuse hors de son couvent, je voudrois vous voir pour quelque temps dans les places de guerre par où nous passons présentement ; et si on pouvoit se changer, je prendrois pour ce temps-là cette humeur martiale qui vous fait aimer la poudre et le canon. Vous seriez ravie, madame, de ne sentir que le tabac, de n'entendre que le tambour, de ne manger que du fromage, de ne voir que des bastions, demi-lunes, contrescarpes, et de ne toucher rien dont la grossièreté ne soit fort opposée à cette sensualité au-dessus de laquelle vous êtes élevée par votre courage et par vos inclinations. Pour moi, qui suis très-femmelette, je vous donnerois volontiers ma place pour travailler en tapisserie avec nos chères Dames; j'espère que j'aurai cette joie bientôt, et que Namur aimera mieux se rendre que de se faire entièrement ruiner.

Vous ne pensez qu'à la guerre; vous ne me dites pas un mot ni de la retraite, ni de votre santé. Je suis trop bonne, après cela, de vous dire que le Roi est en parfaite santé, quoique avec un peu de goutte, et que de son lit où il est retenu depuis deux jours, il donne ses ordres pour le siége de Namur, pour que son autre armée s'oppose au prince d'Orange, pour que le maréchal de Lorges entre en Allemagne, que M. de Catinat repousse M. de Savoie, que M. de Noailles empêche les Espagnols de rien faire, que M. de Tourville batte la flotte des ennemis, s'il a le vent favorable; et, outre ces ordres-là, qu'il gouverne tout le dedans de son royaume. Je vous quitte après cette peinture, qui doit remplir votre idée.

A LA MÈRE MARIE-CONSTANCE

Nous avons eu autant de peine à nous éloigner de Namur que nous en avions eu à nous en approcher. Nous fûmes hier onze heures et demie en carrosse tout de suite, et comme nous n'avions pas compté là-dessus, nous n'avions point mangé ni porté de quoi manger ; c'était jour maigre ; j'arrivai accablée de migraine, de rhumatismes, de lassitude et d'épuisement, et je trouvai un potage à l'huile pour tout régal. Un autre mal qu'on nomme moins hardiment s'est joint aux autres, et il n'y a qu'une lettre aussi vive et aussi réjouissante que la vôtre, datée du 9 de ce mois, qui peut me donner la force d'écrire ; je m'en vais donc vous écrire.

Vous n'aurez, ma chère sœur, que la moitié de ce que vous me demandez : j'écrirai à ma sœur Marie-Constance, à elle-même, pour elle-même, et je

n'écrirai point pour Saint-Cyr ; je n'en ai pas le
loisir ni la force. Le témoignage que vous me ren-
dez de ce qui s'y passe m'en donnerait le courage.
Dieu veuille que ce que vous semez fructifie au
centuple ! C'est trop de dire que nos Dames vous
donnent de bons exemples ; je serois bien contente
si elles suivoient les vôtres et si vous gardiez avec
moi la même liberté qu'elles en me donnant vos
commissions. M. Duchesne recevra votre lettre que
j'aurois voulu voir pour savoir l'état de la santé
de notre chère mère ; mais je vous avoue que je
désirois fort qu'elle prît confiance en M. Fagon ,
qui est le premier médecin que nous ayons. Duchesne a suivi Monseigneur en Allemagne ; il ne
reviendra de longtemps ; je voudrois que pendant
son absence vous vissiez M. Fagon , qui pourroit
à l'avenir donner ses conseils par lettres. Je suis
ravie que notre mère soit mieux : elle ne manquera
plus d'eau de Sainte-Reine ni de tout ce qui sera
en mon pouvoir.

Mme de Radouay m'écrit que Mme du Pérou fait
des merveilles à la dépense pour réparer les désastres

qu'elle y avoit faits. Dites-lui, je vous en conjure, que je souhaite de tout mon cœur qu'elle le croie ainsi ; ce seroit une excellente disposition pour elle. Je ne lui réponds point, je ne le puis, et je l'entretiendrai bientôt.

Je serois encore plus fâchée que notre mère si vous finissiez une lettre sans me parler d'elle ; je ne puis vous exprimer l'estime et l'amitié que j'ai pour elle ; elle me sera toujours chère.

J'espère faire d'aujourd'hui en quinze jours la récréation à vos côtés et entourée de mes chères filles. Je ne sais pourquoi je les désire si parfaites, car si je les aime avec tant de tendresse, malgré leurs défauts, que seroit-ce si elles étoient comme je les désire ? Elles m'attachent trop au monde, ou, pour mieux dire, à la douceur de vivre avec des anges.

Le Roi est en parfaite santé, et n'a pas pris peu sur lui en sacrifiant les desseins qu'il avait eus au bien de ses affaires, qui s'est trouvé à envoyer en Allemagne pour profiter de l'heureux succès de la prise de Heidelberg. Pour moi, je suis ravie que

l'intérêt de l'État le force à retourner à Versailles,
il se porte très-bien et se moque de ce que nous
appelons fatigue. Adieu, ma chère mère ; je pourrois bien ne vous plus écrire et songer à me ménager
pour arriver en meilleure santé que je ne suis présentement.

A MADAME DE SAINT - AUBIN

Quand vous auriez eu le temps de m'écrire et que
vous ne l'auriez pas fait, je le trouverois parfaite-
ment bon, car je ne veux jamais vous contraindre
pour ce qui me regarde ; je sais vos embarras et
avec quel courage vous travaillez : le Maître que
vous servez le mérite bien ; cependant n'en faites
pas trop, je vous en conjure ; vous êtes, grâce à
Dieu, de celles qu'il faut retenir. Je suis ravie de
vous savoir en paix : c'est le moyen d'avancer ; vous
l'avez trouvée, dites-vous, en vous soumettant ; elle
augmentera à proportion que l'humilité l'établira en
vous. Je ne prends pas pour un compliment ce que
vous me dites de la peine que vous avez de celle

que votre maison me donne ; vous n'en avez que
trop, et ce ménagement que votre amitié vous donne
pour moi est très-sensible chez vous : c'est ce qui
fait qu'on me cache tout, et qu'on est bien plus
occupé de me rapaiser quand on me croit fâchée
qu'on ne l'est de se corriger. Trouvez bon que je
vous dise que je dois tout savoir, et que vous êtes
bien jeunes pour juger si les choses en valent la
peine, si je pourrois y remédier ou si elles sont de
conséquence pour l'avenir. J'ai plus d'expérience
que vous et d'aussi bonnes intentions ; cependant je
ne vois que des fautes dans tout ce que j'ai fait jusqu'à cette heure chez vous, et je serois incapable
d'y remédier par moi-même ; mais j'espère que Dieu
m'assistera et me donnera de bons conseils. Je vous
conjure de me mander librement ce que vous savez
sur la désunion que vous craignez ; il n'y a rien de
plus important, et voici le temps où il est le-plus
nécessaire que je sois bien instruite. Il est question
d'établir votre maison, et je ne crains point de vous
dire (car vous êtes assez forte pour le porter) que
tout ce que nous avons fait jusqu'à cette heure n'est

rien. Il faut reprendre votre établissement par le fondement et l'établir sur l'humilité et la simplicité ; il faut renoncer à cet air de grandeur, de hauteur, de fierté, de suffisance ; il faut renoncer à ce goût de l'esprit, à cette délicatesse, à cette liberté de parler, à ces murmures et ces manières de railleries toutes mondaines, et enfin à la plupart des choses que nous faisions, et auxquelles j'ai plus de part que personne. Vous avez raison de dire que j'ai besoin de patience, et vous ne savez que trop que je n'en ai point : demandez-la à Dieu pour moi, je vous en conjure ; il est bon et juste qué je souffre ; et quel mérite aurois-je à Saint-Cyr, si je n'y trouvois que des consolations? Oui, ma chère fille, il faut prendre tout ce qui vient de la part de Dieu ; vous me faites plaisir de me le dire, et je ne mettrai point cela au rang des fautes. Je ne ferai rien paroître de ce que vous faites entrevoir sur la désunion. Expliquez-vous en toute liberté ; j'espère que je ne gâterai rien ; il ne faudra pas se presser d'en parler. Vous avez raison de dire qu'il faut du temps pour détruire l'orgueil ; il suffit que nous y travaillions simultanément, et nous devons avoir une grande patience.

Parlez peu aux demoiselles, ne les regardez guère, ne les louez point, accoutumez-les au travail et au silence. Je répète toujours cet article ; il est vrai que je crois qu'il n'y a rien de plus pressé présentement à Saint-Cyr que la pratique du silence.

A MADEMOISELLE DE GLAPION

NOVICE

L'orgueil est le plus grand péché de l'homme, et celui qui lui attire tous ses maux; les femmes en sont encore plus susceptibles, parce qu'elles sont plus foibles; les jeunes personnes par cette raison sont la vanité même, et les demoiselles de Saint-Cyr, entre toutes les jeunes personnes, ont été distinguées sur toutes les autres. Vous avez réussi à tout ce qu'on a voulu; vous avez été accoutumée aux acclamations, vous avez plu au monde, vous avez toujours aimé qu'il fût question de vous ; voyez, ma chère fille, d'où vous avez à revenir, et le chemin qu'il faut faire. Cependant j'espère tout,

puisque Dieu vous a donné une bonne volonté, et
qu'il vous donnera de même toutes les grâces qui
vous seront nécessaires pour un ouvrage qui ne fi-
nira qu'avec votre vie. Plus vous sentez de peines
dans les humiliations, plus vous devez voir combien
elles vous seront utiles ; ne cessez donc point de
vous humilier intérieurement et extérieurement.
Votre découragement vient d'orgueil ; vous vous
voyez défectueuse, les autres vous voient de même ;
il n'y a rien en cela qui soutienne l'amour-propre,
et c'est ce qui nous abat. On ne fait point son salut
sans se faire violence ; on ne devient point bonne
religieuse sans un exercice continuel de mortifica-
tion, de renoncement à soi-même et d'une obéissance sincère. Je crains toujours que vous ne
connaissiez point assez les obligations de la profession que vous voulez embrasser, et que vous n'es-
périez une vie très-douce après quelques années
de contrainte au noviciat ; ce projet ne seroit ni
pieux ni raisonnable. Si vous aspirez à la perfection
et à un état parfait, il faut mourir à soi-même
et à tout ce que vous avez aimé ; il faut devenir

une nouvelle créature et ne rien garder de tout
ce que vous avez eu jusqu'à cette heure, et au
dedans et au dehors. Il faut perdre cette bonne
opinion de vous-même mal fondée; il faut renoncer
au plaisir d'aimer et d'être aimée; il faut vouloir
cacher tout ce que vous avez de talents, jusqu'à
ce que l'obéissance vous oblige de vous en servir;
il faut vous taire, il faut estimer les autres, il en
faut être occupée aux récréations; il faut dire ce
qui peut édifier vos sœurs, et ce qui peut les divertir
innocemment; il faut vous oublier, ne point parler
de vous, ni par rapport à vous; il faut devenir
simple, sans retour sur soi, sans questions, sans
curiosité, sans raisonnements, sans éloquence; il
faut éviter toutes les manières du monde, et le
meilleur moyen est de parler peu et de renoncer
sincèrement au désir qu'on vous trouve de l'esprit;
enfin, il faut mener une vie cachée, humble,
mortifiée, laborieuse, retenant vos pensées, vous
occupant de Dieu, travaillant beaucoup, obéissant
sans réplique et sans juger de ce qu'on vous com-
mande. Ne croyez point que cette peinture d'une

15

parfaite religieuse soit poussée trop loin ; vous ne le serez jamais à de moindres conditions. Encore une fois, ne vous y trompez pas ; voyez devant Dieu si vous êtes résolue à changer de fond en comble. Du reste, ne vous effrayez point de vos défauts, ils tomberont peu à peu si vous le désirez sincèrement, et si vous êtes prête à prendre tous les moyens que vos supérieurs vous présenteront ; mais venez à la pratique qui est au-dessus de tout désir d'être parfaite, de tout empressement de s'instruire, de toutes questions sur vos devoirs ; pratiquez ce que vous savez, et la lumière vous sera donnée pour tout ce que vous ne savez pas encore. C'est encore l'amour-propre qui nous abat si fort dans les sécheresses ; vous voulez des plaisirs, et Dieu ne veut pas que vous en ayez. Continuez avec courage tous vos exercices, de quelque manière que vous les fassiez, pourvu que la volonté ne consente à nulle distraction. N'espérez point de consolation sensible, il vous en viendra quand il plaira à Dieu....

A MADAME DE BEAULIEU

Il faut bien qu'une première maîtresse figure à la récréation et que ce soit elle qui apprenne de mes nouvelles aux autres ; mais je ne puis rien dire de gai : j'ai le cœur serré de la douleur de notre princesse depuis que M. de Savoie a déclaré la guerre au Roi.

O mes chères filles, que vous êtes heureuses d'avoir quitté le monde ! il promet la joie et n'en donne point. Le roi d'Angleterre jouoit hier dans ma chambre avec Mme la duchesse de Bourgogne et ses dames à toutes sortes de jeux ; notre Roi et la reine d'Angleterre les regardoient ; ce n'étoit que danses, ris et emportements de plaisirs, et presque tous se contraignoient et avoient le poignard dans le cœur. Le monde est certainement un trompeur ; vous ne pouvez avoir trop de reconnaissance pour Dieu de vous en avoir tirées.

Ces extraits des lettres intimes de Mme de Maintenon suffisent pour faire connaître et apprécier la
noblesse de ses sentiments, son esprit judicieux
et élevé. En les lisant, on ne peut s'empêcher,
suivant la remarque de M. Th. Lavallée, de convenir que « malgré tout ce que la malignité des
hommes a pu inventer contre cette femme éminente, elle a été au milieu de la cour un modèle
admirable des vertus chrétiennes, et qu'elle a
enseigné par son exemple à mépriser le monde et
à s'en détacher au milieu de tout ce qu'il contient
de plus éclatant et de plus séducteur. »

FIN

TABLE

TABLE   179

retour, elle visite le Poitou et sa famille. — Son retour à Versailles. — Nouveaux projets de retraite. — Boileau et Racine nommés historiographes du roi sur la proposition de Mme de Maintenon. — Elle est nommée seconde dame d'atours de Mme la Dauphine. — Sa nouvelle position la détermine à rester à la cour. — Elle se croit chargée de la mission de travailler à la conversion du roi. — Mme de Maintenon ne se laisse point éblouir par la faveur dont elle jouit. — Lettre à son frère le comte d'Aubigné. — Ce qu'était le comte d'Aubigné. — Indulgence et affection de sa sœur pour lui. — Elle ramène le roi à ses devoirs envers la reine. — Réflexion de M. Rœderer à ce sujet. — La reine donne son portrait à Mme de Maintenon. — Son premier moment de bonheur. — Mort de la reine. — Départ de la cour pour Fontainebleau.   64

CHAP. VI. Agitation de Mme de Maintenon pendant le voyage de Fontainebleau. — Le roi se décide à épouser Mme de Maintenon. — Charmes de sa conversation, et intérêt qu'elle inspirait au roi. — Réflexion de M. Rœderer sur le mariage du roi et de Mme de Maintenon. — Incertitude sur la date de ce mariage. — Comment il fut célébré secrètement à Versailles. — Preuves de ce mariage tirées de deux lettres de l'évêque de Chartres. — Conduite du roi après son mariage. — Conduite de Mme de Maintenon. — Sa vie intérieure dans le château. — Elle garde soigneusement son secret sur son mariage. — Le roi le laisse quelquefois échapper. — Fondation de la maison de Saint-Louis à Saint-Cyr, pour y élever deux cent cinquante jeunes filles nobles. — Voyages à Marly. — Séjour à Trianon. — Influence de Mme de Maintenon sur la société qui composait la cour. — Ses habitudes journalières.   78

CHAP. VII. Composition de la maison de Mme de Maintenon. — Réflexions sur son caractère moral. — Sa modestie. — Lettre au cardinal de Noailles. — Son désintéressement — à l'égard d'elle-même et à l'égard de ses parents. — Sa charité envers les pauvres. — Ses fondations pieuses. — Elle est faussement accusée d'égoïsme et de sécheresse. — Espèce d'esclavage dans lequel elle était auprès du roi. — Souffrances qu'elle éprouve. — Ses plaintes à ce sujet. — Mort de son frère. — Lettre à Mme de la Maisonfort. — Extrait du *Quatrième Entretien de Mme de Maintenon à Saint-Cyr.*   93

CHAP. VIII. Sensibilité de Mme de Maintenon. — Causes de son élévation mal connues. — Rectification de jugements erronés à ce sujet. — Explications données par Mme de Maintenon elle-même. — Nature

— LILLE. TYP. L. LEFORT. 1861. —

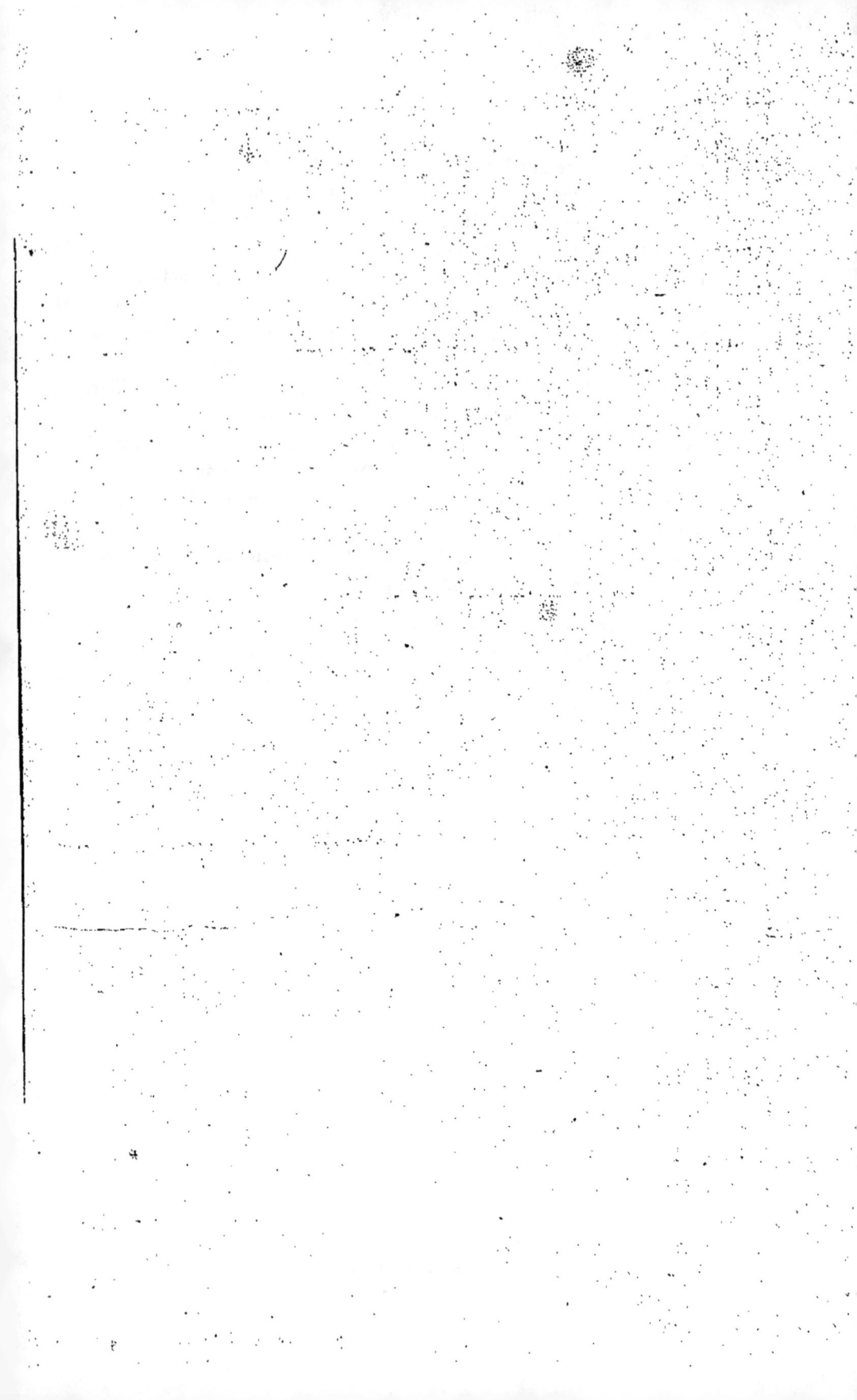

www.ingramcontent.com/pod-product-compliance
Lightning Source LLC
Chambersburg PA
CBHW072036090426
42733CB00032B/1830